战略选择

粤港澳大湾区
开放与创新研究

林居正 著

開明書店

本书得到国家自然科学基金重点项目资助

（项目编号 72031003）

关于粤港澳大湾区发展
战略性问题的几点思考（代序）

一、粤港澳大湾区发展需要在特定区域上先行先试、在传统机制上大破与大立

从全球视角看，湾区经济是最具竞争力、最富活力和创新力的发展模式，一流湾区在世界经济体系中居于顶层地位，代表着世界经济发展的最高水平，引领着世界经济强力发展。2023 年 4 月，习近平在广东考察时强调，要使粤港澳大湾区成为新发展格局的战略支点、高质量发展的示范地、中国式现代化的引领地。因此，习近平亲自谋划、亲自决策、亲自推动的《粤港澳大湾区规划纲要》，其重要性不亚于中国其他任何国家战略。正是由于中央赋予粤港澳大湾区的顶层定位，才需要顶层推动、顶层布局与之匹配。

事实上，广东作为中国改革开放的前沿阵地，在改革开放之初，曾任中共广东省委第二书记、第一书记的习仲勋就已经进行了高屋建瓴的谋篇布局。习仲勋指出，改革的节奏不是小搞、中搞，而是要大搞、快搞；改革的策略不是一哄而上，而是根据各地方的特点，让有条件的地方先行一步；而先行一步需要中央更大的支持，同时多给地方处理问题的机动余地，不能有太多条条框框的限制，否则"先行一步"也将成为空话。

今天，中国人民比历史上任何时期都更接近中华民族伟大复兴的

目标，但各种风险挑战接踵而至，其复杂性严峻性前所未有。面对国内经济下行压力，需要尽快找到新的发展模式和新的经济增长点；面对国外全方位竞争和外部掣肘，需要尽快融入全球创新网络，实现与国际主流规则对接，提升国际影响力、公信力和话语权；面对科技领域的"卡脖子"问题，需要集中优势力量开展科技创新和核心技术攻关。这就要求一脉相承的粤港澳大湾区像改革开放初期一样"先行一步"，敢于大搞、快搞，敢于尝试重大体制机制创新，进而推动中国更高水平、更大范围、更宽领域的改革开放。就像广东省委书记黄坤明在 2023 年广东省高质量发展大会上所说的，"扎扎实实抓好今年，抓好五年，深耕十年、三十年，必定能再造一个新广东，再创让世界刮目相看的新奇迹。"鉴此建议：

1. 中央赋予大湾区改革开放更大的创新空间和政策，让富有改革传统、强大综合实力和国际竞争力的广东快马加鞭、锦上添花。让广东更快更好更多地发展，创造出更多的财富和社会福祉，更好地回馈和服务全国共同富裕的大局。

2. 对于中共中央、国务院颁布的国家战略、重大规划，为了提高效率与更好地贯彻实施，建议全国人大或者全国人大常委会授权国务院相应地予以立法，做到"国规法随"。

3. 根据国家改革开放战略梯度的布局，以及各地发展需要，对于经多年试点的有效政策，建议分层级、分步骤在不同区域进行复制、推广、应用，缩短审批流程。同时，因地制宜地赋予有条件地区更多的空间和机动余地，不搞各地政策的平均和平衡。

二、粤港澳大湾区发展需要重点考虑三个全局性问题

（一）大胆探索跨境金融功能区建设的新发展模式

2023 年 8 月 29 日，国务院印发《河套深港科技创新合作区深圳园区发展规划》，加之广州南沙、深圳前海、珠海横琴等多个国家级平台，

粤港澳大湾区已经在跨境金融合作方面走在全国前列。然而，现有的跨境合作区都更多的是聚焦自身发展问题，强调"一区两园"的发展思路或是"双轨制"的"飞地"发展模式，可能引发两地对利益分配、决策机制等方面的分歧，进而对合作区建设的效能产生不利影响，也较难从根本上解决港澳的产业根基问题。因此，可以大胆探索"一区一园、一锅做饭、利益共享、做大增量"的合作新模式，采用统一的、国际最优越的税制制度、人才制度、知识产权保护制度体系，使合作区变成一个不分你我、利益共享的整体。"一区一园"模式注重将广东省的产业优势与港澳地区的软环境优势相结合，鼓励耐心资本、产业资本的引入。同时，强调做大增量原则，鼓励粤港澳三地优质成熟企业在合作区发展新业态、拓展新业务、扩大再生产，避免零和游戏，改变过去各自为政甚至暗自竞争的格局，使合作区快速产生经济效益、创造社会福祉。

（二）高度重视金融安全问题，尤其是中国海外资产安全问题

伴随着硅谷银行、瑞士信贷等一系列银行破产或面临流动性风险，全球爆发金融危机的风险大幅上升，中国海外资产正面临严峻的安全问题，甚至可能对国家安全造成冲击。因此，在外部风险事件尚且可控的情形下，必须高瞻远瞩、未雨绸缪，充分关注中国海外资产的安全性，有序推动海外个人资产和企业资产向粤港澳大湾区回流，并探索将香港等有条件的地区打造成为全球资本集聚和保护的高地。为了实现该目标，一方面，我们需要"师夷长技以制夷"，以更为积极开放的姿态吸引国际资本，推动制度型、要素型开放，以及金融规则、标准逐步与国际接轨。另一方面，香港需要在集聚全球资本中发挥更大作用。香港是全球领先的财富管理中心，也具备有国际竞争力的税收优势、高度自治的立法优势以及离岸人民币中心的货币优势。因此，在全球资本亟需寻找新的避风港的背景下，同时也为了避免中国境外资产被西方国家收割，香港可以探索出台专门的法律，参照瑞士的模式对境内外合法资产的安全性和隐私性进行保护，以此吸引境外资金向香港和内地中资金融机构集聚。

（三）将人民币国际化作为逐步掌握货币自主权的关键抓手

人民币国际地位提升和全球去美元化加速是大势所趋，而人民币国际化的核心不是单纯提升人民币跨境交易结算的规模，而是使全球持有更多以人民币计价的资产，包括股票、债券等金融资产以及大宗商品等实物资产，就如同全球持有大量美债和以美元计价的石油一样。只有这样，人民币在国际货币体系中的话语权和定价权才能得以提升，人民币也才能逐步真正成为不可替代的国际货币。可以探索在大湾区范围内全面推行人民币计价，尤其是加强人民币在香港金融市场发行、交易中的应用，从而使国际资本通过香港市场加大对人民币资产的配置，提升对人民币资产的交易结算需求。还必须用好现有的人民币跨境支付系统（CIPS）和香港即时支付结算系统（RTGS），摆脱对国际资金清算系统（SWIFT）的依赖。同时，加强数字人民币的应用，加快相关基础设施建设，抢占数字金融发展高地，并鼓励"一带一路"合作伙伴率先接入系统进行人民币结算。

三、粤港澳大湾区发展需要找准几个重要抓手

一是着力营造服务科技型企业全生命周期投融资的金融生态。在 2023 年 10 月 30 日至 31 日举行的中央金融工作会议中，科技金融被摆在了金融五篇大文章中最重要的位置。粤港澳大湾区发展科技金融可以在以下几个方面重点发力：

1. 打造融资租赁产业发展高地，切实降低科技型企业的融资成本。融资租赁作为三大融资渠道之一，对支撑广东产业转型、支持中小企业投融资和高科技企业创新发展、实现"工业立省，制造业当家"的目标具有关键性的作用。可以（1）统筹全省融资租赁产业布局，集中优势资源，强力推动政策实施；（2）围绕制造业龙头培育、引进一批金融租赁企业，各地区着力打造多家政策性融资租赁公司，推动形成融资租赁企

业雁阵格局；（3）在规则和制度型开放方面率先破局，争取使用全球相对更优和更具竞争力的税收体系，系统构建对标国内外领先地区的政策体系。争取在广东各地区划定更多综合保税区，享受优惠的关税政策；（4）大力发展融资租赁的资产证券化业务，在省级层面成立大湾区融资租赁发展基金，鼓励融资租赁企业通过境内外金融市场募集资金。

2. 丰富服务科技型企业的新型金融机构和业态。探索设立或推动现有银行转型组建地方性的政策银行、全国性的科技银行；充分发挥融资担保机构为科技型企业提供增信服务的功能，并支持政府性融资担保企业在大湾区城市间进行跨区域展业；大力发展投保贷一体化的新运营模式。

3. 大力发展知识产权金融。依托深交所科技成果与知识产权交易中心的平台优势，推动知识产权金融产品创新和业务模式创新，做大知识产权业务规模，在知识产权定价、交易和风险控制等方面树立全球标杆。

二是以期现市场联动打造全球绿色商品定价中心，做好绿色金融这篇大文章。联合广州期货交易所和前海联合交易中心，聚焦碳排放权、电力等重大战略品种，大力发展绿色产业和绿色品种，推动在大湾区构建统一能源大市场。搭建现货与期货市场连通渠道，扩大大宗商品市场交易规模，并借助香港交易所集团旗下伦敦金属交易所（LME）形成的东西配合效应，提升在全球绿色大宗商品定价中的话语权。

三是建立具有国际公信力的评级体制。缺乏有效的评级体系是制约人民币产品国际化的关键因素，这一方面源于中国的评级体系缺乏国际公信力，必须依托国际三大评级机构（标准普尔、穆迪投资者服务公司和惠誉国际信用评级公司）进行评级；另一方面，在美国经济霸权的影响下，国际评级机构可能受到政治因素影响而对人民币产品进行不客观的评级。因此，既需要积极引入国际三大评级机构，并探索采用国际评级标准进行产品评级，进而倒逼国内评级技术、评级能力的改进，又要加快培育本土的具有国际公信力的评级机构，逐步掌握评级市场的自主权。

四是联合香港打造国际顶级的金融机构。推动香港中资金融机构和香港本土金融机构联合大湾区龙头金融机构，实现资源、技术、人才、管理制度等要素的全方位合作共享，着力打造多家国际一流的商业银行、投资银行、资产管理（财富管理）机构，在货币发行、首次公开募股（IPO）、财富管理等核心领域逐步掌握金融自主权和决策权。

五是探索资本市场国际化发展的新路径。2023 年中央金融工作会议提出，要更好发挥资本市场枢纽功能，推动股票发行注册制走深走实。可以探索港交所与深交所交叉持股的方式，加强对港交所经营决策的影响，使港交所能够更好融入和服务国家发展大局，避免受到外部势力的操纵。同时，探索深交所的公司制改革，便于港交所与深交所的交叉持股，通过股权的方式充分享受两地企业发展红利，更好对接全球资本市场。

2023 年 11 月 15 日，国务院参事室主办"推进粤港澳大湾区建设座谈会"，作者参加了座谈会，并在"建设国际金融枢纽"专题中发言，此为发言整理。

目　录

第四篇　广东区域协调与创新发展

第五篇　大湾区先行引领与辐射示范

第 一 篇

深圳香港融合开放与创新

深港深化合作需要
战略性全局性前瞻性思考

摘要：深圳与香港是粤港澳大湾区的两大核心引擎，也是实现内外双循环良性互动的战略支点，深港两地如何实现高水平合作，直接关乎粤港澳大湾区的发展成效。面对当下的新形势、新环境，深港合作也被赋予了新的使命和任务。必须加强系统谋划和统筹协调，积极探索"一国两制"的新实践，敢于尝试更高层次、更大范围的体制机制创新，进而从根本上改变深港两地仍然面临的要素与规则割裂、各自为政甚至暗自竞争的局面。基于此，由人民出版社出版的《香港与深圳深化合作战略研究》一书应运而生。该书对深港合作的历史经验、现实背景、战略意义和实施路径进行了全面系统的阐述，旨在为各界决策、研究提供参考，为深圳与香港深化合作的思想创新和制度设计提供借鉴。

中国改革开放之初，习仲勋作为广东改革开放的主要开创者和重要奠基人之一，以高超的政治智慧、丰富的革命经验、巨大的改革勇气和忘我的奉献精神，带领广东人民谱写了气壮山河的改革开放新篇章。毫无疑问，如果没有习仲勋主政广东时开启改革开放"先走一步"，没有中国改革开放总设计师邓小平的拍板支持，没有改革开放新的伟大革命，没有勇于改革、勇于创新、勇于担当的改革开放精神，广东和深圳能取得如此举世瞩目的成就便是难以想像的，中国能迅速崛起并成为全球第二大经济体并屹立于世界之林更是难以想像的。

习仲勋关于改革的相关表述意义重大而深远。他一针见血地指出，改革的节奏不是小搞、中搞，而是要大搞、快搞；改革的策略不是一哄而上，而是根据各地方的特点，让有条件的地方先行一步；而先行一步需要中央更大的支持，同时多给地方处理问题的机动余地，不能有太多条条框框的限制，否则"先行一步"也将成为空话。

深圳之所以在经济特区中建设得最为成功，其关键在于充分践行了习仲勋关于改革创新的相关表述。深圳的创新不是单点式、保守式、渐进式的创新，而是全方位、切块式、集成式的创新，是针对当时"姓社姓资""姓公姓私""计划与市场"的重大问题、敏感问题的大刀阔斧的创新。而事实证明，在中国共产党的坚强领导下，深圳既未走上封闭僵化的老路，也未走上改旗易帜的邪路，而是作为现代化建设的成功范例，不断丰富了中国特色社会主义的理论与实践。

世界正在经历百年未有之大变局，意味着中国也迎来百年未有之大机遇。今天，中国人民比历史上任何时期都更接近中华民族伟大复兴的目标，这是中国综合国力日益提升、中国共产党的建设不断加强的集中体现。但与此同时，中国改革开放进入"深水区"，意味着改革开放的复杂性前所未有，外部竞争环境前所未有。尤其是当大国竞争甚至国际地缘冲突加剧时，任何一个领域的"短板"都可能受到外部掣肘。由此可见，在瞬息万变、时不我待的大环境下，必须以改革开放的巨大决心和勇气，敢于探索重大体制机制创新，敢于突破与当前中国发展不相适应的重大障碍，敢于以前所未有的力度、速度和强度进行自上而下的顶层设计和推动。

在此背景下，习近平高瞻远瞩，亲自谋划、亲自部署、亲自推动一系列国家战略，为改革开放指明了前进方向，提供了根本遵循。而香港与深圳作为改革开放的重要贡献者和实践者，融入了粤港澳大湾区和中国特色社会主义先行示范区的"双区"战略，推动着"一国两制"事业发展的新实践，是"国家战略"与"基本国策"双重叠加的发展要地，其在改革开放中的重要性绝不亚于其他任何区域。同时，香港与深圳作为当前中国对外最开放、最具创新引领力、最具国际竞争力、市场化程度最高的地区，作为当前中国科技创新的突破口之一，义不容辞地承担起推动改革开放的重大使命。因此，深圳没有任何理由不继续勇当尖兵、不继续改革开放创新；香港也必须正视当前面临的巨大挑战和重大机遇，进一步解放思想，务实且自愿地积极携手深圳砥砺前行，共创更加美好的未来。

面对香港与深圳的发展机遇，必须进行战略性、全局性、前瞻性的思考，这与香港和深圳过去的合作发展模式以及部分学者倡导的双轨制并行发展模式存在显著不同，是基于香港与深圳的根本性发展问题提出的大胆设想。就香港而言，不仅面临空间不足、市场容量不足等问题，更重要的是缺乏实体产业、本地大型企业和抵御外部风险冲击的根基。无论是香港还是深圳，当今不仅需要实现高水平"引进来"和"走出去"，更重要的是通过香港与深圳深化合作，深度对接全球市场，深度融入全球创新网络，深度参与国际竞争，进而高标准打造一套与国际接轨的制度体系，增强在国际规则和标准制定中的话语权。从该层面来讲，香港与深圳合作有助于解决两地深层次发展问题，打造世界级城市群，进而推动构建双循环新发展格局。

但毫无疑问，香港与深圳深化合作具有复杂性和挑战性，这既源于各界对香港与深圳发展思路理解的不统一，也源于香港与深圳体制机制的差异。香港与深圳的体制机制差异涉及政治、经济、产业、法律、民生的方方面面，而针对开放水平、开放政策的差异，如何把握跨境要素双向开放的节奏，如何应对全面开放可能引发的外部风险，仍然是一项具有挑战性的重大议题。

基于此，必须以战略性的眼光，基于历史经验和现实需要，深入思考香港与深圳合作的必要性和迫切性，深入分析香港与深圳合作的内在制约因素和关键挑战，深入剖析香港与深圳合作的城市定位、市场基础和切入点，以此在顶层设计、产业合作、要素合作、制度对接等方面提出香港与深圳深化合作的总体思路和具体路径。

首先，需要注重战略性分析。一是有必要系统阐述香港与深圳顶层设计的一系列原则性问题，辩证分析顶层设计与"摸着石头过河"的关系、公平与效率的关系。在此基础上，可以探索在中央全面深化改革委员会下设立先行示范区领导机构、积极争取全国人大或全国人大常委会授权国务院就先行示范区建设、香港与深圳深化合作进行顶层立法；二是有必要对一系列外部变局和国家重大方略进行思考，进而提出香港与深圳深化合作的战略意义和新时代使命；三是有必要阐述深化合作与"一国两制"的关系。深化合作与"一国两制"并不矛盾，不会触及香港高度自治的根基，而是重在巩固和进一步提升香港的优势地位，激发香港的发展动力和市场活力。深化合作应当遵循市场化原则、效率优先原则和做大增量原则，聚焦于香港与深圳制度优化、资源共享、产业转型、效益提升和民生改善；四是在全国统一大市场的框架下，可以探索以香港与深圳深化合作为突破口，建立生产要素高效配置、商品服务充分流通、境内外资源良性循环的"南方区域市场"，以此作为新发展格局的重要内容。

其次，需要对政策内涵进行深层次分析。一是在改革开放后的各个阶段，香港都充分享受了中央的全方位支持和内地快速发展的红利，香港应以更加理性、客观、平等的姿态看待香港与深圳深化合作问题；二是人民币国际化的核心在于鼓励境外资本更多地持有、投资以人民币计价的金融资产，可以探索在香港与深圳两地金融、贸易、民生等领域全面推行人民币计价，加强数字人民币的跨境应用；三是在重点功能区建设上应当由"一区两园"向"一区一园"的发展思路转变，由"分灶做饭、各自发展"向"一锅做饭、利益共享"的发展思路转变，统筹规划园区发展，采用统一、优越的制度体系，注重增量业务的培育，并探索利益格局向香港适当倾斜；四是需要强调金融与科技协同发展的重要性，以及"金融＋"战略在服务科技创新中的作用，重点打造数字经济应用高地、知识产权交易和保护高地、基础研究和科技成果转化高地的重点举措；五是需要把握香港与深圳合作的总体思路，在推动两地要素充分流通、资源充分共享、标准充分互认、规则无缝对接、风险有效防范方面进行高层次创新；六是需要坚持构建人类命运共同体的理念，通过香港与深圳深化合作服务好"一带一路"倡议。

最后，需要注重深港两地的比较分析。有必要通过大量史料数据，对香港与深圳总体发展历程和产业现状进行全面梳理，并在此基础上系统比较香港与深圳经济水平、产业水平、企业发展水平和社会治理水平，充分体现香港与深圳优势、短板以及竞争力的变化，从而为深刻剖析香港与深圳发展问题、明确香港与深圳发展关系提供支撑。

根据《香港与深圳深化合作战略研究》(林居正等著，2022年12月)一书前言整理。

新时代深港深化合作的
发展新模式与改革创新思考

摘要：2022 年 12 月 23 日，在"2022 深圳金融星光"颁奖盛典上，林居正表示，百年未有之中国与世界的发展新格局下，深圳、香港迎来双城融合发展的历史性机遇，深港两地需要探索更大格局的深化合作、融合发展机制，着力推进战略性、全局性和前瞻性的布局，以超常规的"破与立"应对超预期的内外部冲击。林居正认为，新时代的深港深化合作需要在顶层设计和顶层推动的指引下，实现更高层次、更大范围的改革创新。在演讲中，林居正首次介绍了深港两地"一区一园、一锅做饭"发展新模式的战略研究成果。

回顾深圳金融业的十年，可以说是"书写奇迹的非凡十年"：自 2012 年开始，深圳与北京、上海的差距开始不断缩小；2018 年，深圳金融业增加值首次突破 3000 亿，对全市税收的贡献实现 1314.8 亿元，跃居全市纳税第一；即使是在疫情影响之下，2021 年、2022 年深圳金融业增加值依然"逆势而上"，增速稳居各行业之首。2022 年前三季度，深圳金融业实现增加值 3714.7 亿元，同比增长 8.7%，高于前一年同期 1.9 个百分点，高于全国全省平均水平，增速居北上广深一线城市的首位。总体来看，深圳金融业以不到 3% 的从业人口，创造全市近 1/6 的 GDP 和近 1/4 的税收，成绩喜人。深圳金融业对于拉动经济、税收贡献和开放与创新功不可没。

结合深圳金融业的发展成就和展望，我从宏观的角度有几点个人思考：

第一，在城市竞争合作的万马奔腾下，是否需要一匹黑马脱颖而出，引领中国更高起点、更高层次、更高目标的改革开放？

第二，在构建统一大市场的要求下，是否需要以更加开放的视野、更大的勇气与更有力的创新与突破，率先探索与国际主流的制度规则有机衔接的路径？

第三，在"双区"驱动、"双区"叠加下，深港两地是否需要探索更大格局的融合发展和建立更加完善的利益共享机制？

第四，在全球经济下行压力加剧的大背景下，是否需要进一步发挥深圳的地方首创精神，寻找新的可持续增长点，以及金融、科技、产业良性循环的新的契合点？

第五，在世界百年未有之大变局下，深圳是否需要进行战略性、全局性和前瞻性的布局，以超常规的"破与立"应对超预期的内外部冲击？

在此基础上，就深港如何进行战略合作，我有几点看法：

第一，新时代需要更高层次、更大范围的改革创新。改革开放至今，中国取得了从站起来到富起来、从富起来到强起来的历史性成就，但当前改革开放的复杂性不亚于改革开放初期，面临的内外部挑战和战略机遇前所未有。我们必须坚定不移地在习近平新时代中国特色社会主义思想的指引下，全面深化改革开放，提升经济发展效能，敢于探索重大体制机制创新，敢于突破与当前中国发展不相适应的重大障碍，并继续坚持让深港等具有改革创新基因的城市发挥好先行示范作用。

第二，探索"一区一园、一锅做饭"发展新模式。当前"一区两园"的发展模式未对深港两地发展进行统筹考虑，存在利益分配不明确等突出问题，进而极大限制了合作区的建设进度和实际效果。而"双轨制"和"飞地模式"也存在明显的局限性，因此，有必要在坚持中国共产党领导的前提下，在"一国两制"的框架下，统筹规划深港合作区发展，采用统一的、国际最优越的税收制度、人才制度、知识产权保护制度体系，将合作区作为推动深港两地机制充分对接、要素充分互动、机构互设充分便利的重要承载区，使合作区内的人流、物流、资金流、信息流能够自由流动，极大提升两地机构和企业在合作区展业的积极性和效率。

第三，深港合作需要进行顶层设计与顶层推动。顶层设计是保障改革开放系统性、总体性、协调性的基础。1. 深港合作的顶层设计需要服务于改革开放发展大局，处理好内循环与外循环的关系、供给侧改革与需求侧改革的关系、公平与效率的关系以及稳定与发展的关系。2. 需要丰富"一国两制"理论与实践，全面准确把握新时代下"一国两制"的内涵。3. 需要贯彻高质量发展新理念，加强金融服务科技强国战略的担当作为，着眼于产业协同和民生服务。4. 需要推动"先行示范"长远发展目标，用好深圳先行示范和香港高度自治的政策红利，进行前瞻布局，注重长期示范效应。5. 需要处理好顶层设计与"摸着石头过河"的关系，站在更高维度思考"摸着石头过河"的外延，即在坚持中国共产党领导和中国特色社会主义基本制度的前提下，在顶层设计的牵引下，对于凡是能够促进深港经济发展和社会进步的重大设想，都可以通过"摸着石头过河"加以尝试，以此推动形成规模化、集成化、效率化的改革创新政策。

为了更好实现顶层推动，我进一步提出三点建议：

第一，中央在深改委下设立先行示范区指导机构——先行示范区办公室，进行顶层统筹。

第二，建立高层级的深港澳议事联席会议机制，并向中央争取赋予深港澳议事联席会议机制在跨境制度制定的部分决策权。

第三，全国人大或全国人大常委会授权国务院就先行示范区、深港合作区发展进行顶层立法。

根据作者 2022 年 12 月在"2022 深圳金融星光"颁奖盛典上的发言整理。

关于深圳与香港探索打造 "一区一园"新模式的建议

摘要："一区一园"新模式是针对新型跨境合作区建设的一项重大设想。与现有的河套深港科技创新合作区强调"一区两园"、横琴粤澳深度合作区采用飞地模式相比，"一区一园"新模式通过统筹规划合作区发展，采用统一的、国际最优越的制度体系和"一锅做饭"的利益分配方式，并将其作为跨境企业扩大再生产、发展新业务的产业空间，以及要素自由流动、机构互设充分便利的承载区，能够在较短时间内快速形成生产力和效益，也能够从根本上解决深港两地各自为政和利益分歧的突出问题。因此，在当下的重要战略机遇期和前所未有的内外部挑战下，必须践行改革开放初期习仲勋关于"先行一步""大搞快搞"的理念，在中国共产党的坚强领导下，在"一国两制"的基本原则下，以"一区一园"的重大模式创新推动深港两地合作取得突破性进展，使深港两地在高质量发展中发挥更加显著的引领带动作用。

一、深圳与香港打造"一区一园"新模式是事关国家发展大局的重大问题

（一）"一区一园"模式是构建全国统一大市场的基本要求

中共二十大报告强调，"构建全国统一大市场，深化要素市场化改革，建设高标准市场体系"。构建统一大市场需要以国内大循环吸引全

球资源要素，增强国内国际两个市场两种资源联动效应，尤其是稳步扩大规则、规制、管理、标准等制度型开放，而"一区一园"模式无疑是推动市场制度开放和与国际制度对接的突破口，有利于从根本上解决跨境市场制度存在割裂的突出问题。

（二）"一区一园"模式是培育和集聚创新型企业的核心引擎

创新型企业的培育和集聚既需要以创新链、产业链、资金链、人才链的深度融合为基础，又需要依托国际一流的营商环境、制度环境和资本环境。为了进一步提升深圳龙头企业的产业带动能力和创新能力，就必须将深圳的企业优势与香港的软环境优势深度结合，依托"一区一园"的新型功能区，激发企业的创新动力，促进产业集群发展。

（三）"一区一园"模式是集合深港两地优势资源的战略枢纽

深圳与香港作为粤港澳大湾区的核心城市，优势互补特征明显。当前，深圳正承载着打造国际标杆城市的重大使命，香港也要在构建新发展格局中发挥更加重要的功能。因此，不能仅仅局限于过去深港点对点的互联互通、机构互设和规则互认，必须以全局、全面、全新地视野谋划深圳与香港的合作发展问题，在深刻理解和准确把握"一国两制"实践规律的基础上，敢于突破两地要素和市场融合壁垒，敢于与香港畅行的国际制度规则充分对接，敢于贯彻"一锅做饭、利益共享"的新合作理念。只有这样，香港产业根基不足的深层次发展问题才能得以解决，其作为国际金融、航运、贸易中心的地位才能得以巩固，民生福祉才能得到显著提升，而深圳也才能在改革"深水区""无人区"中率先蹚出一条新路，进而与香港共建创新能力和国际化水平一流的世界级城市群。

二、深圳与香港打造"一区一园"新模式是符合新时代发展需要的优质选择

当前，无论是前海深港现代服务业合作区，还是香港北部都会区建

设，都更多的是聚焦自身发展问题，强调"一区两园"的发展思路，可能对合作区建设的效能产生不利影响。横琴粤澳深度合作区通过打造澳门在内地的"飞地"，并采用"双轨制"发展模式，实现了跨境功能区建设的创新发展。"双轨制"即允许符合资格的港澳企业或其部门可以在一些经过创新性、系统性、精细化设计的内地试验区内按港澳法律、港澳监管、港澳货币来运作。

对于深港合作而言，双轨制是解决香港空间和市场容量不足问题的有效手段，同时有利于深圳承接香港部分国际金融机构和组织的转移，进而实现国际化水平的提升。然而，双轨制较难完全适应新时代的发展需要。一是无法有效促进双循环良性互动；二是无法巩固香港可持续发展的根基；三是无法显著提升深圳国际化水平；四是无法解决深港共建功能区面临的利益分配不一致问题；五是深圳不具备为香港提供大量"飞地"的空间条件。因此，深圳与香港打造"一区一园"新模式尽管是更为复杂和更具挑战的发展路径，但也可能是解决深圳与香港深层次发展问题、打造世界级城市群，进而推动构建双循环新发展格局的最优途径。

三、深圳与香港打造"一区一园"新模式的政策建议

（一）建议中央批准设立深港深化合作都会区

建议中央支持深圳进一步统筹土地资源，探索将扩区后的前海（约120 平方千米）、盐田全区（约 75 平方千米）以及福田、罗湖、龙华部分区域（合计约 100 平方千米），联合香港北部都会区，共同划定约 600 平方千米深港深化合作都会区，采用"一区一园、一锅做饭"模式，实行最优质和最具竞争力的统一市场制度，实现深港两地市场机制和规则的有机统一，为探索构建更大范围的统一大市场、推动制度型开放形成示范。

（二）建议中央支持构建深港深化合作都会区的顶层推动机制

1. 鉴于都会区建设涉及一系列重大体制机制创新，建议中央在深改

委下设立专门的指导机构，进行都会区建设的顶层统筹。

2. 支持粤港澳大湾区的地方政府联合中央部委建立高层级的议事联席会议机制，定期研究"一区一园"建设的重大问题，会商重要监管协作事项，防范重点风险，并赋予议事联席会议机制在园区制度设计、利益分配、跨境要素流动、机构互设、产品创新等领域一定的决策权。

3. 推动全国人大或全国人大常委会授权国务院就都会区制定专门的法律，在维护宪法和香港基本法权威的基础上，为都会区的重大创新和政策落地提供顶层法治保障。

4. 支持深圳创建国家级论坛和国家级智库，集合政商学社力量，搭建高端交流平台，深入开展课题研究，为中央制定都会区建设的相关政策提供理论和智力支撑。

（三）建议中央将深港深化合作都会区作为实现重大破局的试验区

建议支持都会区围绕促进科技产业金融良性循环和提高人民生活品质等重点目标，打造全球创新资本集聚地和民生幸福示范地，在制度型开放、人民币国际化、跨境要素自由流动等方面大胆试验，营造有利于科技创新和产业集群发展、服务企业全生命周期投融资的国际化金融生态，在住房、医疗、教育、养老等民生领域共建共享一批重大项目。

（四）建议中央明确深港深化合作都会区的利益协调机制

建议中央支持深港两地在都会区内探索利益共享机制，既秉承合作共赢的理念，满足深港两地的基本发展诉求，使都会区的发展成果能够更好地惠及两地企业和居民；同时又充分落实促进香港融入国家发展大局、保持香港长期繁荣稳定的基本要求，辅以合作利益向香港适当倾斜的制度安排和保障措施，注重长远利益和增量业务引进，推动园区企业的市场化合作。

2023 年 1 月

粤港澳跨境金融合作的
当前形势与创新性设想

摘要：2023 年 4 月 22 日，由国务院发展研究中心金融研究所、广东省地方金融监督管理局主办的第五届粤港澳大湾区金融发展论坛在广东珠海举行。在此之前，中国人民银行联合中国银行保险监督管理委员会、中国证券监督管理委员会、国家外汇管理局和广东省人民政府正式发布《关于金融支持横琴粤澳深度合作区建设的意见》（以下简称"横琴金融 30 条"）、《关于金融支持前海深港现代服务业合作区全面深化改革开放的意见》（以下简称"前海金融 30 条"）等重磅文件，为推动粤港澳三地跨境金融合作创造了有利的政策条件。会上，林居正强调两项意见所取得的政策突破，并认为在稍纵即逝的战略机遇期，发挥政策效能的关键在于加快推动政策落地。在此基础上，应当正视香港国际金融中心根基并不牢固的客观事实，理清深圳与香港两地的合作关系，在顶层立法、一区一园模式创新、大湾区全面推行人民币计价、深港两地交易所交叉持股等领域实现重大创新。

一、横琴金融 30 条与前海金融 30 条是一次政策上的突破

横琴金融 30 条与前海金融 30 条的出台标志着国家对粤港澳跨境金融合作政策的重大支持。前海金融 30 条提出，2025 年基本实现与香港金融市场高水平互联互通，2035 年基本建成与国际接轨的金融领域规则

体系，契合粤港澳更高层次、更大范围、更宽领域开展合作的需求。除此以外，前海金融 30 条还有一个具有亮点的提法，即"促进内地与香港深度融合发展"，很好地贯彻了习近平反复强调的港澳要融入国家发展大局的重要精神。

过去一些观点认为，融合发展可能与"一国两制"相冲突，但通过深入分析"一国两制"的根本内涵不难发现，融合发展与"一国两制"并不矛盾，这不会动摇香港基本法和高度自治的根基，而是重在巩固和进一步提升香港的优势地位，激发香港的发展动力和市场活力，同时使香港的制度优势最大限度地得到发挥。

二、以更大的力度、速度和强度推动相关政策落地实施

粤港澳三地已经在金融市场互联互通和国际接轨方面取得了重大进展。在此基础上，需要以更大的力度、速度和强度推动改革开放，争取横琴金融 30 条、前海金融 30 条的相关政策加快落地实施、取得实效。同时，横琴金融 30 条、前海金融 30 条都涉及大量民生金融的内容，推出了一系列跨境便利化举措，体现了"以人民为中心"的本质要求。然而，跨境金融不仅需要提升"便利性"，更要以金融带动实体产业繁荣和经济效益提升，从而为两地居民带来真切的"实惠"，促进港澳民心进一步回归。

这一方面是形势所迫。当下，国际政治风险、经济风险、金融风险愈演愈烈。政治方面不排除未来中美在台湾问题上矛盾升级甚至发生正面冲突的可能性；经济方面受到多重不利冲击和有限的政策空间，叠加后新冠疫情、俄乌冲突等事件影响，全球经济下行压力大幅加剧；金融方面随着硅谷银行、签名银行、瑞士信贷等多家银行关闭，已经引发了一系列连锁反应，而强势美元可能进一步加大全球金融危机和债务危机爆发的可能性。在此环境下，亟需我们加快制度改革，创造新的经济增长点，以此对冲全球风险的冲击。

另一方面也是机会使然。全球去美元化、摆脱美元霸权已成趋势，而全球配置人民币的需求大幅上升，因此，必须把握全球货币体系重塑的战略机遇，加快推动人民币国际化进程。同时，在美国、瑞士等国的资产面临巨大破产清算风险、冻结风险的背景下，全球资本亟需寻找新的避风港，而粤港澳大湾区尤其是香港具备了承载全球资本输入和中国境外资产回流的基础条件，需要我们加快打造大型本土金融机构，完善相关保障措施，抢占全球资本集聚的高地。

三、在跨境合作中全面客观看待深港两地的优势与短板

深港合作是粤港澳大湾区跨境金融合作的重点。香港是大家公认的国际金融中心，但通过深入分析后可以看出，香港国际金融中心的根基并不牢固。

首先，香港以外资金融机构为主，缺乏大型本土金融机构，其金融系统更多的是为外资服务。数据表明，香港有七家企业入选 2022 年世界500 强企业，包括友邦保险和太平保险两家金融机构，但友邦保险属于外资持股银行，太平保险属于央企，都不是香港本土成长的金融机构。相比较而言，深圳入选的中国平安、招商银行都是本土民营金融机构。通过进一步对香港和深圳上市金融机构做一个大致统计可以发现，香港上市金融机构约为 155 家，数量是深圳的十倍左右，但 2021 年深圳上市金融机构总营业收入、总利润、总市值分别是香港的 2.1 倍、3.4 倍和1.4 倍，深圳上市金融机构的平均营收、平均利润、平均市值分别是香港的 20 倍、33 倍和 13 倍。

其次，内地企业已经在香港资本市场发挥了核心作用，而香港本地企业对于资本市场的贡献日渐式微，无论是内地企业总市值、数量以及内地企业赴港上市的 IPO 数量和募资金额都占据了主导地位。

再次，作为主要结算货币的港币，体量太小，功能有限，易于成为国际游资攻击的对象。作为三大港币发钞行的中银香港，其发行量占

比不到 30%，而外资持股的汇丰银行和渣打银行累计发行量占比超过70%，说明港币的发行主要控制在外资银行手中，其货币安全问题可能面临挑战。相比较而言，人民币在自主发行权、对外支付能力、调节国际收支和稳定汇率等方面，相对于港币拥有绝对优势。

当然，香港金融业也具备内地城市无法比拟的优势，既体现在对全球资本的吸引力，是全球领先的离岸人民币中心和财富管理中心；也在于其金融软环境，包括与国际接轨的金融制度、法治体系、税收体系等。

总之，深港两地的合作需要建立在全面客观分析两地优势短板的基础之上，并正确认知改革开放以来深港两地竞争力所发生的根本性变化，从而使两地能够务实且自愿地开展合作，避免零和游戏，真正实现强强联合和优势互补。

四、关于推动跨境金融合作的几点设想

第一，加大战略性、全局性、前瞻性布局。2023 年 4 月，习近平在广东考察时强调，粤港澳大湾区在全国新发展格局中具有重要战略地位。而要使粤港澳大湾区成为新发展格局的战略支点、高质量发展的示范地、中国式现代化的引领地，就不能局限于单点式、保守式、渐进式的创新，而是需要全方位、切块式、集成式的创新。

顶层布局的一个关键就是顶层立法，类似于当年针对经济特区进行的单独立法以及针对海南出台的《中华人民共和国海南自由贸易港法》，都对推动重大体制机制改革产生了决定性的影响，是经济特区取得重大成果的基本经验之一。因此，需要积极争取全国人大或全国人大常委会授权国务院，对不涉及"一国两制"根本的粤港澳大湾区及其深度合作制定专门的法律，提供原则性的法治保障，为跨境市场融合、要素流动和规则对接等创造基础条件。

第二，探索"一区一园、一锅做饭、利益共享"的合作新模式，使跨境金融资源能够在合作区高效流动和配置。"一锅做饭"意味着合作区变

成一个利益共享的整体，需要统筹规划园区发展，采用统一的、国际最优越的税制制度、人才制度、知识产权保护制度体系，使合作区内的人流、物流、资金流、信息流能够自由流动。利益共享则意味着在利益分配上既需要秉承合作共赢的市场化理念和做大增量原则，又辅以合作利益向港澳适当倾斜的制度安排和保障措施，注重长远利益，推动可持续性的合作。

第三，创新推动人民币国际化。首先可以探索在粤港澳大湾区全面推行人民币计价。人民币国际化核心不单是提升人民币交易结算份额，更重要的是鼓励境外资本更多地持有、投资以人民币计价的金融资产。数据表明，截至 2023 年 9 月，全球持有美国国债达到 7.605 万亿美元；而截至 2023 年 10 月，境外投资者持有中国债券仅为 3.29 万亿元人民币，说明人民币国际化程度相比于美元还有巨大差距。因此，需要在大湾区大力发行以人民币计价的金融产品，尤其是在香港发行和交易以人民币计价的股票、政府债券、企业债券、资产证券化产品、绿色金融产品、金融衍生品等，使外国机构、政府和个人投资者加大对人民币资产的配置，提升对人民币资产的储备交易结算的需求。其次，依托人民币跨境支付系统（CIPS）和香港即时支付结算系统（RTGS），加快建设人民币交易清算系统，尤其是数字人民币相关的新型金融基础设施，提升银联卡在国际交易中的份额，降低对国际资金清算系统（SWIFT）的依赖。最后，充分发挥大湾区在数字人民币方面的技术优势，在粤港澳三地全面推广数字人民币。同时，增强对"一带一路"的辐射作用，鼓励沿线国家和地区率先接入系统进行数字人民币结算。

第四，在市场层面探索交易所交叉持股。2019 年，港交所尝试收购伦交所，尽管以失败告终，但也是一次运用市场化工具开展合作的有益尝试。未来可以探索港交所与深交所、港交所与广期所交叉持股，从而共享管理和发展经验，实现与全球金融市场的直接联通。

根据作者 2023 年 4 月在"第五届粤港澳大湾区金融发展论坛"圆桌会议上的发言整理。

第 二 篇

香港国际金融中心巩固与提升

巩固和提升香港国际金融中心地位

——以香港金融市场全面推行人民币计价为突破口

　　摘要：2021 年 10 月 30 日，"构建新发展格局的中国与世界"论坛在海口中国（海南）改革发展研究院隆重举行，此次论坛不仅是该院自建院以来的第 87 次论坛，也是建院 30 周年的特别纪念论坛。会上，林居正就当时疫情下全球流动性过剩和中国经济韧性对人民币国际化形成的重要支撑，提出人民币国际化的核心不是单纯提升资本项目自由可兑换的水平以及资本跨境投融资的便利化程度，而是让境外资本更多地持有以人民币计价的金融资产。香港在推动人民币国际化方面既具有优势条件，也存在迫切需求，可以在香港全面推行人民币计价的方式，吸引国际资本向香港集聚，巩固和提升自身在离岸人民币市场中的地位，同时增强人民币资产在全球金融资产中的定价权和影响力。此前，香港金融市场推出了人民币计价的债券，2013 年 6 月 19 日，港交所正式推出"港币－人民币双柜台模式"，投资者可以选择使用港币或人民币交易同一发行人发行的人民币柜台证券或港币柜台证券。这说明在香港金融市场全面推行人民币计价已经取得了实质性的进展。

　　在人民币国际化进程加速的时代背景下，香港金融市场如何通过全面推行人民币计价，进一步巩固和提升国际金融中心地位，我有几点思考：

　　首先，当前人民币国际化面临着重大历史机遇。在国际金融的发展趋势中，人民币在国际货币体系中的权重显著提升，人民币实现国际化的基础和条件更加成熟，香港在推动人民币国际化中的作用更加凸显：

一是中长期过剩的全球流动性为人民币国际化创造巨大需求。中国经济由于在疫情中表现出足够的韧性，对金融市场和人民币币值稳定形成了强有力支撑，从而激发了全球购买和持有人民币资产的巨大需求。

二是一系列区域发展战略的提出，推动中国改革开放迈向更高水平。毋庸置疑，人民币国际化则是在这样的大变局中化世界经济之腐朽为神奇的关键。

三是中国经济基础为人民币国际化提供强有力支撑。人民币国际化尽管可能加剧外部资本冲击以及国内外市场的风险传导，但是应当充分认识到，随着中国经济地位的提升，中国有能力承受更多离岸人民币的入境投资活动，同时，需要把握、利用好同东盟等周边市场和全球市场合作的新机遇。

其次，为什么需要依托香港市场推动人民币国际化？

一是香港在国际化方面具备先天条件。香港现行的、与国际接轨的发行、交易、税收、评级、会计、信息披露等制度，是其推动人民币国际化的优质条件。更为重要的是，随着粤港融合、开放、创新发展的不断推进，香港的市场基础和空间基础将更加广阔，香港的国际化优势将更加彰显，最终通过香港融入国家发展大局，实现香港民众福祉的提升和人心的回归。

二是香港是连接西方市场与大陆市场的重要桥梁。人民币国际化本质不是单纯需要提升资本项目自由可兑换的水平以及资本跨境投融资的便利化程度，而是需要境外资本更多地持有以人民币计价的金融资产。而香港作为连接西方市场与大陆市场的桥头堡，应义不容辞又捷足先登地担负起人民币国际化历史重任。

三是人民币国际化是化解香港发展困境新的突破口。保持香港长期繁荣稳定是一项基本国策，但我们既需要客观看待香港发展过程中面临的突出问题和短板，又需要探索一条行之有效的发展新路。香港应当把握人民币国际化的契机，在香港市场全面推行人民币计价，巩固和提升自身在离岸人民币市场中的地位，加速国际资本向香港集聚，同时，突破大陆与香港在货币体制方面的差异化问题，破解制约资金要素高效流动的障碍，真正实现内外双循环良性互动。

最后，是我关于香港金融市场全面推行人民币计价的几点简单设想。第一，可以探索香港股票、债券、资产管理和财富管理等市场优先以人民币计价，同时，鼓励内地政府和企业在香港发行以人民币计价的市政债、企业债，将人民币推向国际。第二，可以逐步扩大人民币计价的覆盖面，探索在民生金融、对外贸易等领域逐步推进人民币计价。第三，可以加大数字人民币在香港乃至粤港澳大湾区的应用。第四，香港可以在畅通中国产业链、供应链、研发链中发挥更大作用，帮助人民币在各类链条的发展中加快全球化步伐。

根据作者 2021 年 10 月在"构建新发展格局的中国与世界"论坛上的发言整理。

从硅银、瑞信破产看
中国海外资产的安全与对策

摘要：金融安全是国家安全的重要组成部分。在俄乌冲突爆发之后，美国等西方国家对俄罗斯进行全方面的经济金融制裁。此外，伴随着硅谷银行、瑞士信贷等一众银行破产或面临流动性风险，全球爆发金融危机的风险大幅上升，中国海外资产正面临严峻的安全问题，甚至可能对国家安全造成冲击。因此，在外部风险事件尚且可控的情形下，必须高瞻远瞩、未雨绸缪，高度重视美国霸权引发的政治风险、金融风险，稳妥推动中国海外资产回流，在香港和内地重点城市加快打造全球资本集聚和保护的高地。

一、美元霸权收割全世界财富

上个世纪以来，美国利用其美元霸权地位，只需通过印刷美元就可以换得其他国家实实在在的产品和服务，从而通过不公平的巨额铸币税对世界其他国家进行剥削。在经济不景气时，通过大幅降息或超发美元、美国国债等方式刺激经济，向全世界释放大量的美元流动性，达到向全世界转移通胀风险的目的，并引发其他国家的输入型通胀和资产泡沫。而当美国通胀或经济过热时就通过缩表、加息等方式形成强势美元，吸引国际资本的大量回流，对国际资本市场形成巨大的"虹吸"效应，进而获取自身的政治和经济利益。在通胀加剧、本币贬值、资金外流等压力下，不少国家不得不跟随美联储步伐上调利率。通过"美元潮汐"，加剧了全球债务风险和资产泡沫破裂的风险，也使得金融机构资产质量与盈利能力的风险被集中触发，成为多次金融危机爆发的重要导火索。例如 1985 年美国与日本等国签订的《广场协议》，正是通过美元霸权对日本等国的打压，直接导致了日本房地产泡沫和泡沫破裂后长达20 年的经济低迷。

硅谷银行和瑞士信贷破产尽管都属于个体经营风险，但其共性在于全球加息背景下的投资损失和恐慌情绪的传染，加剧了流动性冲击和信用危机，进而造成银行发生严重挤兑。为应付挤兑，银行被迫出售更多金融资产，蒙受更大损失，形成恶性循环，直至倒闭或被接管。由此必然引发银行股价的大幅下跌。之后，资本集团既可以通过超低价格收购破产银行，以此获得巨额的股权收益，又可通过破产方式直接实现债务豁免。

因此，硅谷银行和瑞士信贷破产可以看作是美元霸权收割全世界的升级版，赤裸裸地体现以美国为代表的西方国家不惜粉碎自己赖以生存的"私有财产神圣不可侵犯"的信仰基石，以达到收割掠夺世界、打击竞争对手的目的。因此，任何人不能也不应该对美国、瑞士等西方国家所谓的金融信用和财产保护制度抱有幻想。

二、中国海外资产的规模及风险

（一）中国海外资产规模

国家外汇管理局公布的中国国际投资头寸表显示，截至 2023 年 6月，中国对外金融资产 93670 亿美元（对外负债 65913 亿美元，对外净资产 27758 亿美元）；又美国财政部公布的国际资本流动报告显示，截至 2023 年 9 月，中国仍持有 7781 亿美元的美债。除此以外，在美国、英国、瑞士等国还有大量的中国私人财产尚未统计在内。

在当前国际环境复杂、地缘冲突加剧、金融风险事件频发的大背景下，中国海外资产蒙受损失的风险大幅提升。同时，在金融机构破产清算中，西方国家通常采用双标手段，优先保障本国居民的资产兑付。一旦中国的巨额海外资产被破产清算、冻结或无法兑付，将对中国的经济造成极为严重的影响。

（二）中国海外资产面临的风险

1. 破产清算风险

在美联储持续加息的大环境，持有各类美元计价债券和衍生品的金融机构出现了大量浮亏，部分金融机构尤其是银行的利润和资本金大幅下降，导致市场对银行系统的信心崩塌，恐慌情绪快速蔓延，进而引发硅谷银行、签名银行、瑞士信贷等多家银行关闭，大量银行面临挤兑风险。最新研究显示，美国目前有多达 186 家银行可能存在与硅谷银行类似的风险。

根据美国现有制度，一旦银行发生破产，通常会通过引入战略投资者的方式或美联储直接接管的方式向银行注入流动性。在此情况下，破产银行的客户存款能够得到一定的兑付，但对于持有大量投资性产品的客户将无法获得赔偿。同时，银行客户还可通过存款保险制度获得补偿，但补偿额度限定在 25 万美元，在境外有高额存款的客户将面临巨大的资产损失。

针对此次瑞士信贷破产，最终的解决方案是瑞银集团以 30 亿瑞士法郎的价格收购。瑞士信贷被收购后，其所有 AT1 债券的本金全额减记，总额约 160 亿瑞士法郎。因此，在瑞士信贷破产事件中，瑞士信贷股东面临股权价值大幅缩水的损失，瑞士信贷债权人则面临债券无法兑付的全额本金损失。

2. 冻结或无法兑付风险

从俄乌冲突来看，西方对于俄罗斯的金融制裁是全方面的，涉及支付体系、股票市场、债券市场、大宗商品市场、外汇市场、境外资产等众多领域，例如欧美禁止部分俄罗斯的银行使用国际资金清算系统（SWIFT），国际评级机构大幅下调俄罗斯主权信用等级，冻结俄罗斯外汇储备、黄金储备、境外银行资产和加密货币等等。即使是之前保持中立的瑞士信贷，也在第一时间冻结了价值超过 190 亿美元的俄罗斯资产，由此可见，过去在瑞士相对安全的境外资产，也可能在地缘冲突时发生严重的信用危机。

长期以来，美国利用台湾问题对中国进行掣肘和挑衅，不排除未来中美之间矛盾升级甚至发生正面冲突的可能性。不难预测的是，一旦冲突加剧，欧美针对俄罗斯的金融制裁很可能在中国进行复制，中国境外资产安全将面临前所未有的挑战。

3. 汇率波动风险

正如上文所述，美国通过前期的大量放水，刺激经济增长，催生资产泡沫，而后期又通过强势加息向全球转嫁自身经济风险，进而引发非美货币汇率的剧烈波动。在连续加息过程中，强势美元将加速国际资本向美国回流，导致新兴国家货币的快速贬值，进而可能诱发全球金融危机和债务危机。

三、关于应对海外资产安全的几点思考

（一）加强海外资产安全的顶层布局

2023 年，中共中央、国务院印发的《党和国家机构改革方案》中提到，组建中央金融委员会和中央金融工作委员会。在党中央对金融工作的集中统一领导下，需要加强顶层布局和系统谋划，既处理好金融风险防范与金融改革创新的关系，又要高度重视内外部金融风险的叠加作用以及由金融安全引发的国家安全问题。尤其是在外部破产清算风险、制裁风险、汇率风险等多重不利因素的影响下，应当充分关注中国海外资产的安全性，并有序推动海外个人资产和企业资产向香港或内地重点城市回流。

（二）以开放姿态集聚全球资本

统一大市场不是封闭的小市场，而是与国际联通的大市场，内循环

主体地位的巩固需要建立在更大范围、更宽领域、更深层次对外开放的基础之上。这就需要在有序引导中国海外资产回流的同时，以更为积极开放的姿态吸引国际资本，并推动制度型、要素型开放以及金融规则、标准逐步与国际接轨，"师夷长技以制夷"，使中国成为全球资本的首选地。

（三）以全球去美元化为契机加快推动人民币国际化

人民币国际地位提升和全球去美元化加速是大势所趋，尤其是在中国经济表现出强大韧性和美债收益率攀升的情况下，人民币对于全球资本已经形成了巨大的吸引力，有必要加快推动人民币国际化进程。

1. 进一步完备人民币支付结算体系

必须用好现有的人民币跨境支付系统（CIPS）和香港即时支付结算系统（RTGS），降低直至摆脱对国际资金清算系统（SWIFT）的依赖，并优化境外人民币使用环境，为进出口企业提供高效、低成本的跨境人民币服务。同时，探索深港两地共建新型跨境支付结算系统，并鼓励"一带一路"合作伙伴率先接入 CIPS 系统进行人民币结算。

2. 加强数字人民币应用

数字人民币依托区块链等技术优势，既能够通过加密工具等方式有效保护合法资产和客户信息，又能够有效监测非法资金和热钱的跨境流动。因此，应当积极探索数字人民币与其他央行数字货币、支付系统互联互通，构建一套兼容、统一、可拓展的国际标准体系。依托中国人民银行贸易金融区块链平台，与深港以及全球同类贸易金融服务平台加强对接，形成辐射全球的开放共享的贸易金融生态。支持区块链技术和数字货币在债券交易结算、资金清算、担保品应用等场景的创新研究、技术开发和应用推广。

3. 拓展以人民币计价的金融产品

探索在大湾区范围内全面推行人民币计价，尤其是加强人民币在香港金融市场发行、交易中的应用，从而使国际资本通过香港市场加大对人民币资产的配置，同时提升对人民币资产的交易结算需求。

4. 建立具有国际公信力的评级体制

缺乏有效的评级体系是制约人民币产品国际化的关键因素，这一方面源于中国的评级体系缺乏国际公信力，必须依托国际三大评级机构进行评级；另一方面，在美国经济霸权的影响下，国际评级机构可能受到政治因素影响而对人民币产品进行不客观的评级。因此，既需要积极引入国际三大评级机构，并探索采用国际评级标准进行产品评级，进而倒逼国内评级技术、评级能力的改进，又要加快培育具有国际公信力的本土评级机构，逐步掌握评级市场的自主权。

（四）香港需要在集聚全球资本中发挥更大作用

1. 以立法形式建立全球资产的保护机制

依托香港基本法的"一国两制"优势，借鉴瑞士政府颁布的关于银行保密制度的法律《瑞士银行与储蓄银行联邦法令》（Swiss Federal Act on Banks and Savings Banks），探索针对在香港的境内外资产制定专门的保护法，以此确保境内外合法资产的安全性和隐私性。

2. 促进大湾区跨境资金的高效流通

为了促进香港集聚的全球资本更好地支撑国内大循环，应当畅通跨境资金流动的渠道，增强跨境资金投资、交易、结算的便利性，推动离岸资金与在岸资金有效衔接。

3. 充分发挥香港的中资金融机构功能

推动香港中资金融机构和香港本土金融机构联合内地龙头金融机构，实现资源、技术、人才、管理制度等要素的全方位合作共享，着力打造多家国际一流的商业银行、投资银行、资产管理（财富管理）机构，有效承接中国海外资产的回流和全球资本的集聚，降低海外资产被欧美冻结的风险，并为境内外资产提供更加优质的金融服务。

根据作者 2023 年 4 月发表于凤凰网的同名文章整理。

香港巩固提升国际金融中心地位
需要安全和可持续的金融发展

摘要：香港是公认的国际金融中心，一直充当着中国与世界之间"超级联系人"的角色。在新发展格局下，香港作为超级枢纽的地位作用将进一步彰显，保持香港长期繁荣稳定和促进香港融入国家发展大局已经上升到国家战略层面。从历史进程和现实环境来看，香港金融业的传统发展模式已经面临较大瓶颈，难以适应中国式现代化对于高质量发展的要求；中国海外资产的安全性也面临严峻挑战，亟需香港充当境外资产回流的避风港。因此，围绕巩固提升香港国际金融中心地位的制度设计、顶层设计，需要以服务国家发展大局、保证国家核心利益、维护国家金融安全为出发点和战略支点，而不能单纯关注或者满足于金融增长和短期效益，要背靠祖国、面向世界地更全面开展业务拓展和制度创新，从而探索一条产业赋能金融的可持续发展之路、金融自主可控的安全发展之路、深港金融融合发展之路以及不断提升人民福祉的全面发展之路。

一、从历史进程看待香港金融发展存在的问题

（一）香港金融发展受限于产业转型问题

香港回归以来，在"一国两制"的总体框架下，享有港人治港、高度自治的权力，制度上更多的是沿用了英国治下的制度体系。得益于香

港与国际高度接轨的金融制度、内地与香港服务贸易的巨大市场以及大量的政策支持和物质支持，香港的国际金融中心地位得以保持，经济发展水平也不断提升。然而，相比于北京、上海、深圳等内地城市，香港的经济增速并不突出，其重要原因是高度依赖传统经济业态和发展模式，未成功找到产业转型方向，并错过产业转型的最佳时期，金融发展缺乏实体产业的强有力支撑。

自香港回归以来，香港特区政府开始了一系列经济转型的探索。2003 年，提出将金融业、物流业、旅游业、工商业作为四大支柱产业。2008 年，进一步提出发展六大优势产业，即文化及创意产业、医疗产业、教育产业、创新及科技产业、检测及认证产业、环保产业，但未能成功撼动传统四大支柱产业的地位。香港资本由于缺乏科技行业的投资机会，大量涌向房地产行业，一定程度催生了资产泡沫。高昂的楼价及租金使得香港其他行业的利润逐渐被房地产行业吸收，进而导致香港百业萧条、房地产行业一枝独秀、境外金融大亨吸血的现状。目前，香港的产业仍然呈现传统服务业＋低端制造业的结构，在全球价值链中的地位与经济发展水平极度不匹配。

深圳在过去二十余年里将发展高新技术产业作为重点，不遗余力地针对科技型企业进行政策创新和扶持，由此催生出一批诸如华为、比亚迪、大疆等科技龙头企业。科技的飞速发展极大地促进了深圳金融市场的繁荣和活跃程度，以金融为代表的第三产业增加值占 GDP 比重由改革开放初期的 25% 左右上升到 2023 年上半年的 65% 以上。同时，第二产业占比始终保持在 40%~50% 之间，先进制造业依然是深圳的支柱之一。相比较而言，香港产业结构自 2000 年以后已呈现过度依赖服务业、缺乏制造业根基的显著特征，工业占比长期处于 10% 以下，而服务业占比保持在 80% 以上。当前，香港已经开始意识到科技在经济发展中的决定性作用，首次将国际创新科技中心作为香港八大中心之一。然而，高新技术产业的发展和实体企业的培育并非一蹴而就，而且远水解不了近渴。因此，通过加强与深圳乃至大湾区的产业合作是香港摆脱金融发展和经济社会全面发展困境的重要抓手，也是最有发挥空间的实现路径。

（二）香港金融面临的外部风险冲击频繁

作为高度开放的经济体，香港先后经历了多次金融危机的冲击，包括 1997 年亚洲金融危机、2008 年全球金融海啸等。虽然香港在中央的强有力支持下，成功抵御了一系列危机，但也反映出香港应对外部冲击的能力有限，现有的金融发展模式表现出明显的脆弱性。在当前全球经济政治风险和地缘冲突加剧的大环境下，香港的金融脆弱性不仅可能引发系统性风险，更加可能对其金融安全乃至国家安全产生不利影响。

二、香港需要安全和可持续的金融发展

从上述历史进程可以看出，香港经济金融增速的放缓主要源于其金融发展缺乏实体产业根基以及高度国际化和过度依赖外资外企导致的金融脆弱性。因此，解决香港发展问题不能单纯依靠拓展香港物理空间的飞地模式，继续走过去发展的老路，而是需要探索一条安全、可持续发展的新路。

一方面，这与中央提出的高质量发展内涵是一脉相承的。安全的发展意味着要充分掌握金融的自主权，国际资本在香港的金融业控制权和影响力需要均衡协调。可持续的发展意味着要巩固香港金融发展的产业根基，以产业的发展为金融发展创造丰富的需求和多样化的场景，从而实现金融的良性健康发展。

另一方面，香港融入国家发展大局，其根本是要与大湾区实现产业融合、市场融合、规则对接，在延链补链强链中发挥更大作用。香港的引资引才也需要实体产业和企业来承接、支撑，使得金融业不仅能够创造更多利润，更需要在创造就业、实实在在提升民生福祉上多做贡献。

三、香港巩固提升国际金融中心地位的几个战略重点

（一）香港与深圳金融业实现融合发展

1. 探索"一区一园、一锅做饭、利益共享"的深港新合作模式

中国面临着第二次改革开放，需要巨大的智慧、勇气和决心进行实验。"一锅做饭"强调统筹规划深港合作区发展，采用统一的、国际最优越的制度体系，使合作区内的各类要素能够自由流动。与之相对的是"双轨制"模式，即在内地划出特定区域作为试验区，允许符合资格的香港企业或其部门按照香港法律、监管、货币来运作，其实质是将深圳的一部分区域作为香港的"飞地"，是不可取的——

一是如前文所述，制约香港发展的根本问题不是物理空间问题，如果能够有效利用好香港北部都会区 300 平方千米的空间，已经能够极大缓解香港土地资源不足的问题。与此同时，深圳的空间利用率接近饱和，实际管理人口密度更高，产业空间不足问题相比于香港更加突出，不具备为香港提供大量"飞地"的条件。而"一区一园"的合作模式更多的是整合现有土地资源，提升现有土地的利用效率，释放新一轮改革开放政策红利。当然，实体产业相比于金融业对土地空间的要求明显更高，为了使物理空间不成为今后深港产业合作的瓶颈，有必要积极争取深圳向周边的惠州、东莞扩容，从而提升深港产业合作的辐射效应。

二是双轨制无法有效促进双循环良性互动。双轨制意味着试验区内外的制度仍然存在明显割裂，不利于破解制约要素高效流动的障碍和建立统一大市场。过去在深港两地存在的制约产业合作、要素流动的突出问题在试验区内外依然存在，深圳企业在试验区内的发展也面临与在香港本地发展遇到的相同困境。而只有是"一锅做饭，不分你我"，才能使得境内外企业、境内外要素在合作区内实现良性互动。

三是双轨制无法解决现有合作区建设的利益分配不一致问题。过去关于利益分配和决策上的分歧是影响合作区建设效率的主要障碍，而

"一区一园"模式强调"利益共享、做大增量",即两地企业基于市场化原则而非在行政推动下开展合作。当然,在利益分配上可向香港适当倾斜,在业务开展上可优先选择与香港企业合作。同时,鼓励深港两地优质成熟企业在合作区发展新业态、拓展新业务、扩大再生产,避免零和游戏,改变过去各自为政甚至暗自竞争的格局,使合作区快速产生经济效益。

2. 以产业合作推动金融合作

"一区一园"模式注重将深圳的产业优势与香港的软环境优势相结合,鼓励耐心资本、产业资本的引入,因此,"一区一园"应用在产业合作上,是时机成熟且相对安全的模式。而基于双轨制下的双总部模式则较难适应产业合作的需要。首先,香港缺乏大型本土金融机构,即使在深圳设立双总部,也难以形成规模。其次,在香港设立的国际金融机构大多为区域总部或分支机构,其决策权仍然在海外总部,对于在深港两地设立双总部的必要性有待探讨,导致在深圳落地第二总部的进度可能不及预期。最后,国际资本具有逐利性,也易于受到政治环境的影响,可能衍生金融安全问题。外资金融机构客观上会推动当地经济的发展,为当地提供优质的服务,形成一定的资源集聚效应,但从主观上而言,外资金融机构更加注重经济效益,较少关注社会效益,更不可能关注中国的国家利益。

总之,双总部模式仍然是在沿用香港金融发展的老路,更多的是以服务外资外企为出发点,忽略了金融与产业的协同发展以及金融安全性问题,对于提升香港本土机构竞争力的作用有限。而"一区一园"模式强调产业链、实体企业和技术的引进而非单纯国际金融机构的引进,有利于以产业要素的集聚推动金融要素的集聚,实现科技产业金融良性循环。

(二)逐步掌握金融的自主权

中国提出以国内大循环为主体,一个重要原因是出于国际形势和国家安全的考虑。正如科技安全的核心是将关键技术掌握在自身手中，金融安全的核心同样是将金融资源和定价权掌握在自己手中，通过充分对接国际规则、标准和市场，学习国际先进经验，进而提升金融的核心竞争力、影响力和话语权。

1. 货币的自主权

当前，人民币国际化已经不单纯是货币问题，而是关乎金融安全甚至国家安全的战略问题。美国不断通过美元收割全世界，已经严重影响了中国境外资产安全。推动人民币国际化和境外资产回流，既是形势所迫，也是机遇使然。

人民币国际化的核心不是提升人民币跨境交易结算的规模，而是使全球持有更多以人民币计价的资产，包括股票、债券等金融资产以及大宗商品等实物资产，就如同全球持有大量美债和以美元计价的石油一样。只有这样，人民币在国际货币体系中的话语权和定价权才能得以提升，人民币也才能逐步真正成为不可替代的国际货币。可以探索在香港金融市场全面推行人民币计价，利用香港的国际化优势，推动外国机构、政府和个人投资者加大对人民币资产的配置。

2. 市场的自主权

掌握市场自主权的关键在于确保重点交易场所的控股权掌握在政府和本土机构手中，尤其是作为上市公司的港交所，可以探索港交所与深交所交叉持股的方式，加强对港交所经营决策的影响，使港交所能够更好服务国家发展大局，避免受到外部势力的操纵。同时，探索深交所的公司制改革，便于港交所与深交所的交叉持股，通过股权的方式充分享受两地企业发展红利，更好对接全球资本市场。

3. 机构的自主权

打造国际有影响力的金融机构是提升金融竞争力和话语权的重要途径，尤其是在货币发行、IPO、评级、财富管理等核心领域，更加需要掌握自主权和决策权。例如，汇丰银行在港币总发行量中的占比超过60%，而中国平安尽管作为汇丰控股的第一大股东，却难以在董事会中占据任何席位，从而难以对公司的战略发展和重大决策产生直接影响。应当鼓励香港中资银行联合香港本土金融机构和深圳大型金融机构，着力打造多家国际一流的商业银行、投资银行、资产管理机构、评级机构，形成核心领域的国际竞争力和国际公信力。

（三）巩固传统金融领域的发展优势

香港是全球领先的财富管理中心，在此基础上，香港应当致力于打造成为全球资本集聚和保护的首选地，从而创造新的金融增长点。香港也具备了取代瑞士的优势条件，包括高度自治的立法优势、具有国际竞争力的税收优势以及离岸人民币中心的货币优势。因此，在美国、瑞士相继发生信用危机、全球资本亟需寻找新的避风港的背景下，同时也为了避免中国境外资产被西方国家收割，香港可以探索出台专门的法律，参照瑞士的模式对境内外合法资产的安全性和隐私性进行保护，以此吸引境外资金向香港和内地中资金融机构集聚。

根据作者 2023 年 4 月发表于凤凰网的同名文章整理。

香港打造全球资本集聚首选地
应聚焦四大举措抓先机

摘要：当前，香港正处在从由乱到治走向由治及兴的新阶段，亟需依托制度优势以及大湾区融合发展进程加快的战略机遇，创造新增长点、开创新局面和实现新飞跃。尤其是在境外资产风险加剧的背景下，为了避免中国境外资产被某些西方国家收割与掠夺，香港在承载全球资本集聚和中国境外资本回流中的作用将更加明显。因此，香港应当当机立断、发挥优势和抢占先机，致力于打造全球资本集聚的首选地，以此作为进一步巩固提升其国际金融中心地位的突破口。

一、香港是全球财富和资本的重要承载区

（一）全球财富和资本分布

受到全球货币超发、中国经济较快增长、资产价格上涨等多重因素的影响，全球金融资产在最近十余年里呈现上升态势。金融稳定委员会（FSB）2021 年的报告显示，截至 2020 年底，全球金融资产规模达 468.7 亿美元，而 2004 年时还远低于 200 亿美元。首先，全球超宽松的货币政策为市场注入了巨大的流动性。作为全球两大经济体的美国和中

国，过去十年，美国 M2 货币增加量超过 100%，中国的 M1[1] 和 M2[2] 货币增加量分别超过 120% 和 170%。其次，中国成为全球经济和财富增长的最重要动力。中国相比于美国的货币发行具有更强的经济支撑，中国 2022 年名义 GDP 相比于 2012 年增长了 124.7%，远高于同期世界和发展中经济体的增长水平，与 M1 货币增速基本同步；而美国 2022 年名义 GDP 相比于 2012 年仅增长 56.7%，远低于同期 M2 货币增速，由此引发了美国严重的通货膨胀。最后，在宽松货币政策的推动下，美国股市迎来了长达十年的牛市，美国龙头企业市值不断攀升。中国的房地产价格在近十年也出现了快速上涨，进而推动了全球财富管理市场规模的扩张。

从财富分布来看，根据有关研究成果，瑞士是全球最大的财富管理市场，其管理规模约占全球的四分之一，英国、美国、中国香港分别位列第二到四位。可以看出，美国依托其完备的金融市场、法律体系和率先确立的行业标准、人才标准，瑞士依托其领先的保密制度、税收制度和稳定的金融环境，英国依托其发达的金融基础设施和外汇中心优势等，均在打造全球财富管理中心中占得一席之地。中国香港同样是全球财富和资本的重要聚集地，但相比于瑞士仍然存在明显差距，亟需进一步提升对全球资本的集聚能力和吸引力。

（二）全球财富的安全性正面临严峻挑战

当前，随着美联储短期的强势加息，对全球金融系统产生了重大影响，美国的硅谷银行、签名银行、第一共和银行和瑞士的瑞士信贷相继破产，德国最大的银行 —— 德意志银行面临重大危机，进而引发

1　指狭义货币，为流通中的现金与非金融性公司的活期存款之和。
2　指广义货币，为 M1 与非金融性公司的定期存款、储蓄存款、其他存款之和。

了一系列连锁反应，加剧了全球金融市场的动荡和爆发金融危机的风险。随着多家银行的破产，无论是储户、股东还是债权人，尤其是境外投资者，都将面临巨大的资产损失，西方金融系统长期积累的信用大幅受损。

全球财富和资本亟需找到相对安全且高度自由化的市场，以此实现资产转移。在此过程中，中国在海外巨额资产的安全性问题同样受到严峻挑战，需要站在金融安全甚至国家安全的高度思考境外资产回流问题，而香港无疑将发挥更加重要的功能。

二、瑞士成为国际财富管理中心的主要经验

（一）"私有财产神圣不可侵犯"的信仰基石

"私有财产神圣不可侵犯"作为西方现代文明的信仰基石，被视为资本主义国家的核心价值观和制度基础，也是西方国家宪法的一项重要原则。"私有财产神圣不可侵犯"意味着拥有私有财产是每一个公民的自然权利，政府、社团和个人都不得以任何非法形式侵犯公民的私有财产。正是对私有财产的严格保护，吸引了全球一大批财富向西方资本主义国家聚集。然而，从多次历史事件可以看出，"私有财产神圣不可侵犯"已经成为以美国为代表的西方国家的一句空话，美国更多的是保护本国居民的私有财产不受侵犯，对于其他国家公民的私有产权，非但不加保护，反而进行赤裸裸地掠夺。

（二）瑞士银行保密系统完备

瑞士作为 20 世纪中叶以来世界上最大的离岸金融中心和避税天堂之一，一直将披露客户信息视为严重的社会和刑事犯罪。为客户保密是全球各国银行默认的规则，而瑞士银行业的独特之处在于将这种保密义务明确规定到法律之中。

为保护储户安全、防止存款外流，1934 年，瑞士政府颁布了西方银行发展史上首部关于银行保密制度的法律《瑞士银行与储蓄银行联邦法令》（Swiss Federal Act on Banks and Savings Banks），其第 47 条规定任何银行职员都必须严格遵守保密原则，包括雇员、代理人、银行委员会成员、监督员、审计员等，而且保密协议终身有效。此外，银行保密责任还上升到刑法层面，违反者将面临六个月到五年的监禁、最高五万瑞士法郎的罚款。只要不能确凿证明存款人触犯刑法，即使国家司法机关也无权过问其银行秘密。

为加强保密，瑞士各银行实行密码制、化名账户等措施，仅在开户时填写真实身份，日常往来均采用数字或化名。关于账单寄送，有的选择银行留存服务，避免信件传递过程泄露秘密；有的选择第三国转递服务，将对账单先发往第三国，再从第三国更换信封模拟私人信件寄给客户，最大限度保护客户秘密。

（三）瑞士税收政策具有吸引力

瑞士通过低税负和宽松税收制度吸引公司和个人财富聚集。瑞士税收体系分为联邦、州、市三个层面，地方政府自主决定其税率。

相比于其他欧洲国家，瑞士对跨国总部税收优惠力度很大。瑞士增值税仅 7.7%，远低于英国的 20%、法国的 19.6%、德国的 19%；瑞士的企业所得税，联邦层面税率为 7.8%，各州竞相减税，介于 11.9% 至 18.2% 之间，综合税率约 21%，低于英国的 23%、德国的 29%、法国的 33%。瑞士对跨国公司给予税收优惠，总部位于瑞士的跨国公司的收入税税率在 8% 至 11% 之间，也曾有个别州免征全部所得税，吸引了通用、惠普、IBM、宝洁等跨国公司把欧洲总部设在瑞士。

（四）瑞士法郎币值坚挺，流通性高

长期以来，瑞士央行坚持金本位制，发行瑞郎有 40% 黄金背书。瑞士是世界上最后一个抛弃金本位制的国家，该制度直到 2000 年才取消，

为保持币值坚挺提供了有力支持。同时，瑞郎可自由兑换，使其避险作用突出，并获得较高国际地位。

类似地，百慕大、开曼群岛和英属维尔京群岛之所以成为世界上企业注册数量最多的三大离岸公司注册地，主要也是得益于其税收豁免、商业信息保密、外汇收汇自由等优势。除此以外，公司注册和管理简便、对财务信息披露和审计报税要求低也是这三大地区招商引资的重要优势。

三、香港具备比肩瑞士的基础优势

（一）立法优势

香港特别行政区享有高度自治的立法权，特别行政区的立法机关有权依据基本法的规定，制定适用于特别行政区的法律。因此，在制定资产保密法、保护法等相关法律方面，香港能够充分发挥自主权，根据实际需要尽快出台相关法律。与此同时，香港与开曼群岛类似，均属于英美法律体系，易于得到海外投资者的认可。

（二）税收优势

香港的税制具有税种少、税率低、税负轻的特点。香港实行单一的税收地域来源原则，即只对源自香港的利润课税，而源自其他地方的利润则不须在香港缴纳利得税，从而吸引了一大批国际顶尖的金融机构在香港设立区域总部或分支机构。

（三）货币优势

在过去的十多年时间里，香港把握住人民币国际化的浪潮和与内地市场合作加强加深的机遇，全力发展各项离岸人民币业务，建成了全球首个离岸人民币清算体系，一举成为规模庞大、效率极高的离岸人民币枢纽。在政策利好下，加上境外投资者配置人民币资产需求提升，香港离岸人民币市场将有更大的发展空间。

（四）大湾区优势

粤港澳大湾区正在致力于成为新发展格局的战略支点、高质量发展的示范地、中国式现代化的引领地，无疑将为香港的发展提供广阔的市场空间，有利于巩固香港金融发展的产业根基，促进香港的国际资本与大湾区的实体产业有机融合，使全球资本充分享受中国的发展红利。

四、香港打造全球资本集聚首选地的重要举措

（一）迅速推动重点领域立法和制度建设

香港可以参照瑞士的模式，探索出台专门的资产保密和保护法，对境内外合法资产的安全性和隐私性进行保护。通过建立有效的赔偿机制，确保在金融机构发生破产清算或金融产品违约时，境外投资者不至于蒙受重大资产损失。为了抢占先机，香港应当简化过去复杂的决策程序和立法程序，提高立法效率，推动相关法律尽快落地实施。

同时，香港应当在加密金融领域积极发力，大力推动加密产业的发展，与深圳在信息传输、信息采集、信息集成、信息使用等方面构建全球领先的加密云服务基础设施。

（二）打造全球最具竞争力的税收制度和注册制度

香港应当对标全球最好最优营商水平，为全球企业和资本的集聚创造最优质的税收环境。同时，可以探索进一步简化公司注册流程，在信息披露、会计制度和企业管理制度等方面加强与海外交易所的趋同或互认，便于公司在本地以及海外交易所上市运作。

（三）营造以人民币为核心的交易结算生态

香港应当发挥人民币的核心作用，通过全面推行人民币计价、丰富人民币产品、完善人民币基础设施建设等方式，巩固离岸人民币业务

枢纽的地位。尤其是在交易清算系统方面，应当不断提升人民币跨境支付系统（CIPS）的核心竞争力和影响力，拓展银联卡在国际交易中的份额，降低对国际资金清算系统（SWIFT）的依赖。同时，积极吸引美元、欧元、日元等国际货币在香港集聚，并推动国际货币在香港采用自主交易清算系统而非 SWIFT 系统进行交易清算。

（四）依托大湾区实现境内外资本良性互动

香港不仅需要吸引全球资本，更要留住全球资本，这就必须发挥大湾区在双循环良性互动中的窗口功能，进一步增强跨境资金投资、交易、结算的便利性，推动离岸资金与在岸资金有效衔接。依托大湾区金融市场（尤其是深港两地交易所）、金融机构（尤其是香港中资金融机构和广东本土大型金融机构）、实体产业（尤其是广东先进制造业、高新技术产业）等，从而有效承载全球产业资本、长期资本、耐心资本的集聚，使全球资本享受投资收益的同时，推动国内大循环发展和科技进步。

同时，香港作为国际贸易中心，应当承担向全球推介、输出中国优质产品和服务的任务，助力中国加快打造一批国际知名品牌，布局海外贸易，吸引全球民众购买中国的产品和服务。

根据作者 2023 年 5 月发表于凤凰网的同名文章整理。

第 三 篇

深圳先行示范区开放与创新

见证深圳市政府《关于进一步扶持高新技术产业发展的若干规定》出台

摘要：1999 年 9 月 23 日，时任深圳市长李子彬主持召开深圳市政府常务会议，审议通过了深圳市政府《关于进一步扶持高新技术产业发展的若干规定》（深府〔1999〕171 号），文件共 22 条，简称"新 22 条"。同时，市政府常务会议还审议"新 22 条"的实施办法。"新 22 条"实现八项创新突破，这是深圳 40 年改革开放进程中，对推动高新技术产业发展和科技创新具有里程碑式意义的文件，也对深圳成为全国高新技术创新中心产生了重要的影响。2019 年恰逢"新 22 条"出台 20 周年，林居正作为"新 22 条"的主笔者，有幸亲历了文件出台的主要历程。通过回顾这段历史，能够充分体现深圳的政府作为学习型、服务型、创新型、法制型的政府，一直在不遗余力地进行政策、体制机制的创新，不断为企业创造良好的营商环境。深圳之所以能成为创新之都、专利之都、中国硅谷，正是得益于像"新 22 条"等政策红利以及敢想敢试、敢为人先的特区精神。

1999 年 8 月，中共中央、国务院在北京召开全国技术创新大会。会议的主要任务是部署贯彻落实《中共中央　国务院关于加强技术创新，发展高科技，实现产业化的决定》（以下简称《决定》），进一步实施科教兴国战略，建设国家知识创新体系，加速科技成果向现实生产力转化，提高中国经济的整体素质和综合国力，保证社会主义现代化建设第三步战略目标的顺利实现。为了贯彻落实《决定》，国内兴起加强技术创新、发展高科技的浪潮。深圳市委、市政府率先致力于产业转型，凭借大力发展高新技术实现华丽转身。为此，深圳市委、市政府做了两件具有里程碑意义的事：一是举办首届中国国际高新技术成果交易会，二是出台"新22条"。

"新22条"突出以人为本，以抢占引进人才、引进成果的"双引进"为制高点，在八个方面实现了创新和突破：一是为增强政府产业导向决策的科学性，市政府聘请国内外科技、经济、管理和法律专家充实深圳市科技顾问委员会；二是继续加大财政对科技的投入，促进深圳市高新技术成果的创新发展；三是进一步加大税收优惠政策，减轻高新技术企业的税负；四是以人为本，侧重成果转化，进一步简化人才引进手续；五是营造尊重知识、尊重人才的社会氛围；六是设立政府奖励制度，鼓励高新技术成果产业化；七是提出了加强对知识产权的管理和保护的新内容；八是放宽设立高科技型企业工商注册政策。

我作为"新22条"文件起草小组召集人和主笔人，受时任深圳市政府副秘书长陈应春先生和办公厅财金处徐安良处长的委托，召集了市财政局、国税局、地税局、人事局、工商局、公安局、科技局、外事办的相关处室业务负责人，在大鹏地税局的金沙湾招待所，进行封闭起草。

起草文件期间，有两个插曲值得一提。一是时任深圳市政府副秘书长刘应力先生对文件提出修改意见，并附上了一段草拟内容，请我们修改后纳入"新22条"。同时还透露了这是根据市委、市政府主要领导对虚拟大学园的专门指示精神而写的建议。

更有意思的是，时任深圳市政府副市长庄心一还让我去他办公室交流。他问我："林博士，是不是你坚持要把专利（高新技术成果）入股占比上限提高到35%？"我回答："是的。"庄心一再问："为什么？"我继续回答："一是市委、市政府决定了要起草制定扶持科技创新发展的政策，我们就是要创新、突破、抢占制高点，要超越上海、北京、苏州等地。专利、高新技术成果是不是值钱，让企业和市场来决定。二是深圳率先将国家标准的 20% 上限提高到 35%，将会有洼地效应，真正起到引进科技成果的作用。"他称赞道："很好！"

后来，这一政策在全国产生很大的影响，当然，深圳市国际专利申请量连续 15 年居全国第一，并保持在全国申请量中占比 37%~50%，不能说与该政策无关。

光阴荏苒，20 年过去了，值中共中央、国务院颁布《关于支持深圳建设中国特色社会主义先行示范区的意见》之时，值深圳勇当中国改革开放再出发的先锋之时，值深圳再次担当历史重任之时，我欣然命笔，撰文回顾与纪念。同时，想起毛主席的诗词：雄关漫道真如铁，而今迈步从头越……

2019 年 9 月

百年变局下深圳先行示范区
使命担当与创新发展的战略思考

摘要：2019 年，中共中央、国务院先后印发了《粤港澳大湾区发展规划纲要》（以下简称《规划纲要》）以及《中共中央 国务院关于支持深圳建设中国特色社会主义先行示范区的意见》（以下简称《意见》），标志着深圳迎来了"双区驱动"的历史新机遇。为了对《意见》的内涵和外延进行充分解读，并为深圳打造全球标杆城市献计献策，林居正等人组织撰写了著作《先行示范区金融创新发展研究》，在顶层设计、法律、货币、财税体制、金融国际化、金融监管等领域提出了一系列大胆设想与创新。例如，书中提出中央层面在深改委下设立先行示范区统筹协调机构。2023 年 3 月，中共中央、国务院印发了《党和国家机构改革方案》，提出组建中央金融委员会，不再保留国务院金融稳定发展委员会及其办事机构。2023 年 9 月 5 日，国务院新闻办就《河套深港科技创新合作区深圳园区发展规划》有关情况举行发布会，相关部委领导在发布会上介绍了二十大之后党中央将一系列重大战略领导小组合并为"中央区域协调发展领导小组"来统管的决定。由此说明，中国共产党对重大区域发展战略和金融工作的领导进一步加强，有利于自上而下推动重大政策和体制机制创新的落地实施，也有利于畅通先行示范区自下而上向党中央反映改革创新诉求的渠道，进而提高决策效率，促进中央各部委以及各地政府在重大事项上形成共识，在政策制定上形成更强大的合力。

从全球视角看，湾区经济是最具竞争力、最富活力和创新力的发展模式，一流的世界级湾区在世界经济体系中居于顶层地位，代表着世界经济发展的最高水平。改革开放以来，粤港澳大湾区的区域竞争力显著增强，已具备建成国际一流湾区和世界级城市群的基础条件，其发展基础集中体现在区位优势明显、经济实力雄厚、创新要素集聚、国际化水平领先、合作基础良好。正因为如此，粤港澳大湾区坚实的经济基础和外向型的经济结构发挥着增长极的带动作用，其不断演变的金融结构特征对中国经济面向创新的转型升级具有巨大的推动作用。因此，粤港澳大湾区有望成为助推中国新经济发展与深化对外开放的重要平台。由此可见，习近平亲自谋划、亲自决策、亲自推动的《规划纲要》和《意见》的双区驱动的国家战略，其重要性不亚于中国的其他任何国家战略。尤其是先行示范区的高质量发展高地、法治城市示范、城市文明典范、民生幸福标杆、可持续发展先锋的五个战略定位，彰显以习近平为核心的党中央对于中华民族伟大复兴的坚强意志和决心。

因受突如其来的新冠疫情的广泛影响，在当前世界经济陷入衰退的时刻，积极推动大湾区、深圳先行示范区建设和推动海南自贸区建设等具有同等战略意义、重要性和紧迫性。它既能够充分彰显中国支持经济全球化的坚定决心，又能有力推动中国经济稳定健康可持续发展，更能保障中国在世界百年未有之大变局中转危为机、再创辉煌。

《规划纲要》将深圳定位成全球创新创意之都、大湾区核心引擎和全球海洋中心城市，重点关注四个发展聚焦：一是聚焦港澳地区，助其融入国家发展大局，借一国之本、两制之力，发扬强强联合精神；二是聚焦创新合作，建设国际科技创新中心；三是聚焦辐射引领，实施东进、西协、南联、北拓、中优战略，落实新一轮城市总体规划；四是聚焦先行先试，通过对标全球最高最好最优，打造高水平的对外开放门户枢纽。

《意见》对深圳提出了高质量发展高地、法治城市示范、城市文明典范、民生幸福标杆、可持续发展先锋的五个战略定位，并给予了深圳重大的政策支持，包括：1.可以根据授权对法律、行政法规、地方性法规做变通规定；2.在中央改革顶层设计和战略部署下，支持深圳实施综合授权改革试点；3.广东省要积极创造条件，全力做好各项支持工作，深圳要落实主体责任；4.支持深圳建设综合性国家科学中心。这些支持将助力深圳实现2025年建成现代化国际化创新型城市，2035年建成具有全球影响力的创新创业创意之都，21世纪中叶成为竞争力、创新力、影响力卓著的全球标杆城市的发展目标。

一、大湾区战略与先行示范区使命的历史传承

（一）双区战略的历史内涵传承

大湾区和先行示范区与40年前的改革开放和经济特区具有一脉相承的关系。如果说大湾区战略是吹响中国第二次改革开放的号角，那么先行示范区建设则是第二次改革开放之中新特区伟大实践。先行示范区与大湾区不可分割、相辅相成。

一方面，双区战略要求在先行中寻求突破与创新。在40年改革开放的先行先试过程中，深圳敢于在思想上突破传统意识形态和观念的束缚，敢于在实践中突破旧体制和法律法规的束缚，并根据现实需要大胆创新，搭建了以立为主、破立结合的新体制框架。这是深圳未来发展必须一以贯之的方向。

另一方面，双区战略要求在示范中扩大改革开放成果。深圳先行示范区建设的意义不仅在于以深圳为试点，率先探索全面建设社会主义现代化强国新路径，更重要的是以点带面，使深圳的先行先试政策和经验具有一定的可复制性和可推广性。

事实上，深圳在改革开放进程中已经表现出良好的示范效应，过去已有大量的创新性政策和经验在全国得到推广，例如，1999年，深圳市委、市政府在《关于进一步扶持高新技术产业发展的若干规定》中，率先将高新技术成果入股占比上限由20%提高至35%，这对深圳的高新技术产业建立先发优势和快速发展产生了深远影响。

（二）双区战略的历史经验传承

从习近平新时代中国特色社会主义思想的理论体系来看，深圳在改革开放 40 年来取得辉煌成绩，其主要经验归根结底是坚持了四个自信，这也是先行示范区建设必须传承的历史经验。

1. 坚持道路自信

深圳坚持道路自信集中体现在坚持了改革开放这一中国特色社会主义道路。首先，深圳善于处理改革开放进程中的三大矛盾，包括计划经济与市场经济的矛盾、社会主义与资本主义的矛盾以及公有制与私有制的矛盾。其次，深圳善于从改革的角度分析问题，并将不断深化改革作为化解改革开放进程中各种矛盾和问题的根本方法。最后，深圳善于用客观、辩证的眼光看待改革开放的问题，实事求是地落实改革开放的伟大方针。

在建设先行示范区的过程中，必须继续坚持改革开放这一基本道路，并根据时代条件赋予其鲜明的中国特色和深圳特色。其中最核心、最根本的是坚持中国共产党的领导，增强四个意识，坚定四个自信，做到两个维护。将全面深化改革进行到底，必须充分发挥中国共产党总揽全局、协调各方的领导核心作用，必须把准政治方向、政治立场、政治定位、政治大局，确保改革开放始终沿着正确道路前进。

2. 坚持理论自信

"一国两制"理论是中国特色社会主义理论体系的重要组成部分，是对马克思主义关于社会主义国家结构和国家治理理论的发展和创新。实践经验表明，"一国两制"既是保持香港长期繁荣稳定的基础，又为深圳学习借鉴境外先进经验创造了条件。

改革开放 40 年来，尤其是 20 世纪八九十年代，香港不仅为深圳的建设和发展输送了大量的资金、技术、管理经验，同时也为深圳市场经济体制的建立提供了参考，对于深圳改革进程中重大困难的破局起到了积极的作用。

深圳作为中国特色社会主义先行示范区，要与国际最发达的城市竞争，直至成为世界标杆城市，必须继续践行"一国两制"理论，充分发挥香港得天独厚的市场优势，实现深港融合发展和创新发展，与国际市场体制和运行机制实现无缝对接。

3. 坚持制度自信

深圳坚持制度自信集中体现在坚持社会主义市场经济制度。自1980年成立特区以来，深圳就开始探索以市场为导向的改革方向。正是由于深圳大力倡导社会主义市场经济，有效处理好市场和政府、民企和国企之间的关系，才促使社会主义市场经济，尤其是民营经济蓬勃发展，为深圳的创新和繁荣提供持久的动力。

因此，社会主义市场经济是深圳建设先行示范区的必由之路。未来还要将社会主义和市场经济更具创新性地结合，进一步激发劳动者的积极性和创造性。

4. 坚持文化自信

在深圳改革开放的进程中，形成了思想创新、敢闯敢试的文化精神，尤其是深圳市政府相关部门长期以来都在高度务实地为深圳企业制定一系列支持政策，竭尽全力创造规范和完善的市场经济环境。

大湾区和先行示范区战略的实施必须像八十年代建设经济特区一样，从历史高度和全局意识出发，实现更高层次的思想突破。这不仅需要加快发展双区文件中提到的5G、人工智能、推进人民币国际化的先行先试、与港澳金融市场互联互通等内容，更重要的是寻求更加广阔的改革、创新、突破空间，将境内外城市的先进经验为深圳所用。

二、大湾区与先行示范区发展的新时代特征

（一）时代背景的差异性

改革开放初期，中国主要面临两大背景，一是对于改革开放的实施路径存在思想上的不统一；二是经济基础薄弱，生产力水平严重落后

于西方国家。因此，在该时期确立了以经济建设为中心，坚持四项基本原则，坚持改革开放的社会主义初级阶段的基本路线。而随着中国经济的飞速发展，综合国力已经得到显著增强，但深层次的经济发展问题也日益凸显，社会主要矛盾发生重大转变，中国特色社会主义进入新时代。

尤其是在 2020 年全球新冠肺炎疫情的影响下，世界面临百年未有之大变局，正在经历新一轮大发展、大变革、大调整，叠加国内经济的持续承压和突出的结构性问题，必须将粤港澳大湾区和先行示范区作为中国第二次改革开放的重要载体，为中国经济的平稳增长和转型升级提供支点，为进一步提升中国经济的国际影响力创造契机。

（二）发展规划的差异性

正是由于时代背景的差异，使得两个时期深圳的发展规划也存在显著不同。

1. 发展目标不同

过去由于经济水平落后，制度相对不健全，因此，改革开放初期的首要目标是解决制约生产力发展的障碍，在制度和法律法规、各类市场、各类所有制企业、各类生产技术、各类生活保障等方面实现从无到有，由此催生了深圳一大批全国第一的创新性举措。在随后的发展过程中，深圳主要目标在于巩固和扩大改革开放初期的成果，逐步实现经济从小到大和从弱到强，并发展成为国内领先的城市。

先行示范区则是着眼于深圳未来 30 年的发展目标，尤其是在 21 世纪中叶成为竞争力、创新力、影响力卓著的全球标杆城市的最终目标，实现从国内领先城市到国际领先城市的第二次飞跃。

2. 发展重点不同

尽管深圳过去在经济体制改革、政治体制改革、文化管理体制改革、社会事业改革、生态文明制度建设等方面均取得了突出成就，但其重点仍然是围绕物质文化与落后生产力之间的矛盾展开，强调以经济建设为中心的社会主义初级阶段的基本路线，而经济增速也被当作衡量改革开放成效的核心指标。

先行示范区的建设则充分考虑了新时代下的发展要求以及社会主要矛盾的转变，强调统筹推进五位一体总体布局，在经济建设、政治建设、文化建设、社会建设和生态文明建设等方面全面开展先行先试与示范。五类建设规划处于同等重要的地位，并且彼此需要形成综合关联，而不是单向关联。因此，先行示范区建设的重点是打造全方位的国际标杆城市，而非单纯打造经济领域的国际标杆城市。

3. 发展使命不同

过去深圳的改革开放主要聚焦于自身发展，同时承担着为全国改革开放提供试验田和输出成功经验的使命，香港更多的是作为深圳学习的城市范例。

而先行示范区的建设除了完成过去先行示范的使命外，还承载着更好实施粤港澳大湾区战略、推动区域协调发展、更好贯彻"一国两制"、保持港澳长期繁荣稳定的重任。《意见》充分考虑了深圳与粤港澳大湾区建设的衔接，以及如何实现深圳与香港在经济、产业方面的合作、互补。同时，也考虑了深圳作为先行示范区来加强"一国两制"方针的关键举措，从而更好实现深港融合发展。

三、大湾区与先行示范区发展的若干约束

（一）发展硬约束

改革开放初期的硬约束主要体现为制约生产的因素，包括技术障碍和资金不足，而在生产力水平极大提高后，城市话语权和决策权成为制约深圳重大创新突破的因素之一，该约束在中央事权高度集中的金融业表现尤为明显。

在当前金融改革开放进入深水区的关键时刻，必须实现深圳金融由

点向面的发展，由过去的金融规模扩张向金融广度和深度的扩张，而这些都离不开较高的金融话语权和决策权。因此，深圳需要积极向中央争取提升行政级别，或者增加中央驻深机构的自主决策权，不断推动重大金融工程在深圳落地。

与此同时，先行示范区的建设还面临土地资源的硬约束。改革开放初期，由于深圳产业基础较为薄弱，生产规模和企业集聚度相对较小，已有的土地储备基本能够满足产业发展的需要。然而，伴随着深圳经济飞速发展，城市实际人口的快速增加，环境保护意识的增强，深圳土地供需矛盾日益突出。因此，如何突破土地资源约束是深圳建设先行示范区的关键所在。

（二）发展软约束

改革开放初期的软约束主要是思想上不统一形成的障碍，而当前金融创新发展的软约束之一是深圳相对缺乏的金融政策环境和生态环境限制了先行先试的突破空间。因此，如何最大限度地争取中央的政策支持，在深交所的基础上打造更多国家级交易所等各类金融基础设施，从而在传统金融领域补齐短板，在新兴金融领域先行示范，才能符合中共中央、国务院对于深圳建成国际标杆城市的定位，才能促进城市之间的良性竞争和优势互补，充分分散金融的系统性风险，进而实现在全国打造多个世界级金融增长极的目标。

与此同时，缺乏与境外标杆城市的充分竞争也是当前发展面临的主要软约束。过去深圳主要以学习香港和国外先进城市的经验为主。随着自身逐渐发展壮大，深圳必须具备与国际标杆城市竞争的视野，积极构筑新规则参与国际竞争。通过对标纽约、伦敦、香港金融市场体系，率先构建具有中国特色、符合国际惯例的金融制度体系和运行规则。全面深化与国际领先城市在金融市场、金融人才培养、金融监管、金融机构和组织等方面的合作，增强深圳国际竞争力和国际影响力。

四、大湾区战略机遇与先行示范区历史使命下的创新与突破

（一）顶层设计突破

由于先行示范区在建设过程中涉及大量创新发展的重大举措，需要向不同的部委申报与协调。由下而上的、未经统筹的、分散的申报方式，难以形成合力，影响取得成效的速度。因此，为了提高先行示范区与中央部委之间的协调效率，积极争取中央各部委以更大力度推动重大政策在先行示范区落地，有必要在中央层面、在深改委下设立先行示范区统筹协调机构"中央先行示范区办公室"，进行先行示范区建设的顶层统筹。

（二）资源突破

作为中国特色社会主义先行示范区，追求高质量发展、勇当可持续发展先锋是先行示范区建设的应有之义。然而，近年来，受国内外经济的影响，深圳经济也面临下行压力。因此，在继续坚持高质量可持续发展的同时，需要突破土地匮乏等资源上的瓶颈。一方面，需要争取中央、广东省同意深圳适当扩容，并加快在新增土地上形成生产能力，让深圳充分发挥大湾区核心引擎作用；另一方面，需要充分利用好现有的深汕合作区等土地资源，承载深圳支柱产业的空间转移，以此进一步提振深圳经济和先行示范区发展的预期。

（三）金融融合与协同突破

1. 利益格局突破

一方面，需要以更高的政治站位、更宽的视野，谋求更广的空间、更大的作为，更加有的放矢地开展粤港澳在金融、科技等方面的合作，更加积极主动地汇聚国际金融资本，打造粤港澳大湾区金融开放战略枢纽。

另一方面，需要重新审视深港合作园区的开发模式问题，推动深港国际创新合作区模式创新。深入对接港澳所需、深圳所能、湾区所向，在推动合作区建设上实现利益格局向港澳适当倾斜，可以打造港澳融入国家发展大局、保持港澳长期繁荣稳定的样板。

2. 监管协同突破

由于粤港澳大湾区涉及"一国两制"和监管规则的差异，同时也存在各地区之间的博弈，需要建立高层级的监管协调机构，促进各地区监管合作与关键领域的监管突破，从而有利于广泛汲取各地区的发展诉求，充分发挥各地区的金融和产业优势，积极推动区域融合和创新发展。

3. 法律协同突破

由于粤港澳三地适用法律存在差异，导致三地跨境金融业务开展存在困难，需要采取择优、从简、求同的方式以及国际仲裁等途径，加强粤港澳三地法律协同突破。根据《意见》中提出的法治政策保障，在中央顶层设计和战略部署下，积极推进综合授权改革试点，加快实施以清单式批量申请的授权方式。并在此基础上，探索由全国人大常委会层面主导大湾区立法、先行示范区立法，建立与国际接轨的开放型经济新体制，在全球市场发展竞争中展现中国特色社会主义法制建设的优越性和巨大成就。

4. 货币协同突破

长期以来，粤港澳大湾区内的港澳与珠三角九城市金融的联系、融合和一体化，严重滞后于经济社会发展的需要，造成在大湾区范围内人民币、港币、澳门币三种货币分别流通，统一的金融市场被分割。

一方面，可以尝试借鉴欧盟发行欧元的经验，以大湾区国内生产总值为基础，探索发行与人民币挂钩的大湾区统一货币。在不同主权的国家组成的欧盟尚且可以统一货币，在中国共产党统一坚强的领导下、在"一国两制"的框架下，更应该以大湾区作为人民币国际化的先行开放区，加快推进大湾区统一货币，同时解决三地三币的障碍，以及人民币全面国际化的金融风险问题。

另一方面，为做好区块链领域创新工作，并贯彻落实中央有关支持深圳开展数字货币研究和移动支付创新工作的意见，在央行统筹下，探索区块链技术与数字人民币（DCEP）结合的大湾区应用情境范本，打造符合粤港澳三地对数字货币和跨境支付需求的可复制推广模式，为更广阔的国际化市场应用情境提供可参考的经验。

（四）金融国际化突破

深圳金融创新发展的最终目标在于成为国际领先的金融中心城市。通常而言，国际金融中心城市的必备要素包括优质的营商环境、便利的货币流动、发达的金融市场、高效的法律监管体系、完备的金融基础设施、充足的人才储备、良好的国际影响力等。因此，深圳实现金融国际化突破的关键在于打造与国际先进城市相匹配的金融基础、打造人民币国际化为核心的国际金融市场、打造跨国金融机构集聚的金融业态、打造以金融科技为亮点的金融创新高地。

根据《先行示范区金融创新发展研究》（林居正等著，2020 年 8 月出版）部分内容整理。

全面贯彻新发展理念　构建先行示范区金融开放创新的新格局

　　摘要：作为"两个一百年"奋斗目标历史交汇点，2020年既是"十三五"规划的收官之年，又是"十四五"远景规划定调之年。尤其在面临疫情冲击和疫情防控常态化的情况下，如何在支持实体经济发展中更好体现深圳金融力量和担当，对于推动先行示范区建设尤为重要。2020年12月25日，在"2020深圳金融星光"颁奖盛典上，林居正畅谈了如何立足世界百年未有之大变局下的新发展阶段，贯彻"五位一体"高质量发展理念，以深圳金融开放创新推动构建国内国际双循环相互促进的新发展格局。

　　当前，世界百年未有之大变局加速演变，中国贯彻高质量发展新理念深入推进，构建"国内国际双循环"新格局蹄疾步稳。在党中央赋予深圳顶层支持和新时代使命的根本遵循下，在粤港澳大湾区和中国特色社会主义先行示范区的"双区"战略驱动下，深圳迈入了更高起点、更高层次、更高目标的全面深化改革、全面扩大开放的新发展阶段。作为粤港澳大湾区的核心引擎，深圳建设先行示范区不仅仅关乎一个城市的发展，更是关乎国家发展的战略全局和港澳长期繁荣稳定的大局；作为向全世界展现大国改革开放形象和磅礴伟力的窗口，我们只有以更快的速度、更大的力度和更高的强度，推动深圳金融开放创新新格局的构建和国际标杆城市的打造。

一、充分认识新发展阶段的历史机遇

（一）世界百年未有之大变局的新发展阶段

随着中国经济总量、综合国力的日益提升，尤其在构建人类命运共同体伟大实践的总牵引下，中国在国际事务中的作用和话语权持续增强，西方国家近五百年来在世界历史进程和政治面貌方面的主导地位正在加速改变。未来若干年，中美在经济、金融、贸易、科技等领域的全面竞争将成为"常态"。面对美国在各领域的不断打压、掣肘，充分把握全球疫情下产业竞争格局重塑的机会，推动中国供给侧改革和技术创新，实现中国经济的高质量发展，将是应对外部政治风险的唯一出路。为了应对全球大变局下的金融之变，必须充分利用全球宽松性货币政策所带来的巨大流动性，将粤港澳大湾区作为战略要地和前沿阵地，强化创新开放，加强与国际金融市场和标准的对接，加快推动大湾区金融国际化建设。

（二）追求"高质量发展"的新阶段

迈入"高质量发展"的新阶段，意味着经济发展的模式由过去的"数量提升"转向"质量提升"，从"规模扩张"转向"结构升级"，从"要素驱动"转向"创新驱动"，从"高碳增长"转向"可持续发展"。在改革开放的前 40 年，深圳在建设中国特色社会主义伟大进程中谱写了勇立潮头、开拓进取的壮丽篇章，为全国改革开放和社会主义现代化建设做出了重大贡献。迈入新发展阶段，深圳也义不容辞地站在向第二个百年奋斗目标进军的新的更高起点之上，担当更大的历史使命，践行更大的时代作为，构建更大的发展格局。

深圳是创造奇迹的明星之城。40 年来，深圳经济特区年均 GDP 增速超过 20%，年均税收增速接近 30%，创造了举世瞩目的"深圳速度"。2020 年，深圳在全球城市经济竞争力排名全国第一，可持续竞争力首次进入全球前十名。

深圳是追求卓越的效益之城。2019 年深圳大口径税收 9400 亿，超越台湾、香港。目前，深圳有八家世界 500 强企业，超过香港、广州、杭州，位居中国城市第三名。同时，相比上海、香港，深圳 500 强企业营收超上海 1200 亿美元，超香港 3400 亿美元，而利润则是上海的两倍、香港的三倍。

深圳是敢为人先的科创之城。深圳国高企业超过 1.7 万家，仅次于北京。研发投入占 GDP 的 4.93%，PCT 国际专利申请量连续 16 年居中国城市首位。深圳已经拥有华为、腾讯、大疆等一批世界级电子信息企业，电子信息制造业规模已占全国规模的六分之一，约占全球的十分之一。

深圳是比肩一流的金融之城。虽然深圳金融中心排名全球第九，但是国内最具活力的资本市场，深交所交易量多年位居全球前三，境内外上市公司超过 400 家，超过上海，仅次于北京。

深圳是先行示范的未来之城。《中共中央　国务院关于支持深圳建设中国特色社会主义先行示范区的意见》赋予深圳更加广阔的改革、创新、突破空间。深圳的发展具有无限的前景和可能，先行与示范，将造就深圳成为卓越的全球标杆城市。

二、以更大的决心和智慧全面贯彻新发展理念

（一）坚持"五位一体"的新发展理念

中共十八大站在历史和全局的战略高度，从经济、政治、文化、社会、生态五个方面，制定了新时代统筹推进"五位一体"总体布局的战略目标，展现了以人为本、全面协调可持续的科学发展理念，这与过去强调以经济建设为中心的社会主义初级阶段的基本路线存在重大差异，是事关国家改革开放全局的重要理念，而在全面打造标杆城市的战略定位下，深圳承载着贯彻"五位一体"全面发展新理念的历史使命。

（二）坚持创新与开放的新发展理念

创新与开放是改革开放过程中的基本发展理念。近几年来，粤港澳

大湾区的区域竞争力显著增强，而深圳作为创新开放的最前沿阵地和粤港澳大湾区的核心引擎，在金融方面形成了基本完善的金融组织体系和独有的金融创新体制机制，在中国金融业改革发展历程中创造了超百项"中国第一"，充分说明建设大湾区和先行示范区在贯彻新发展理念、打造国内国际双循环的战略节点上的核心地位和作用。

当然，在新发展阶段需要的是全方位、系统性、整体性，甚至是全局性的开放与创新，是更高层次、更大范围的开放与创新，而深圳的城市特质决定适合在这片热土探索各种开放与创新。

毋庸置疑，顶层设计在促进创新中发挥着关键性的作用。粤港澳大湾区规划和先行示范区建设是国家重大战略，必须与更具系统性、总体性、协调性的顶层设计相匹配。只有通过顶层设计，才能系统性地推动对创新发展产生重大影响的改革，才能总体性地规划由点到面、五位一体的改革，才能统筹性地推动"四个全面"战略布局，进而充分发挥政策之间、产业之间、区域之间的协同效应，确保以更大的决心和勇气、更大的格局和智慧推动新发展创新理念的实施。

与此同时，新发展阶段下的对外开放，需要构建高水平的市场经济体制，实行高水平对外开放。深圳可以充分利用创业板注册制改革、金融市场互联互通、人民币国际化等市场化发展契机，推动社会主义市场经济建设取得更大成就，为广大高科技企业和创新型企业的发展创造更优质的市场环境。通过深圳金融行业的资产定价、资金融通、风险管理等核心能力，优化"内循环"中的资源配置；通过全方位深化在金融市场、机构、人才等领域的国际合作，加快与国际金融市场和标准充分对接，推动率先构建具有中国特色、符合国际惯例的金融运行规则和制度体系。

（三）突破传统思想与理念上的限制

进入新发展阶段，在全面贯彻新发展理念的同时，更必须在中国共产党的坚强领导下和在坚持中国特色社会主义根本制度的前提下，突破历史思维的惯性以及现有政策和法律法规的条条框框，进一步解放思想，实现高质量发展体制机制的大破大立。

在顶层设计突破方面，一方面，必须在顶层设计的统筹下，强化先行示范区建设的战略意义，争取中央各部委以更大力度推动先行示范区与国际市场接轨以及重大工程的落地。另一方面，有必要借鉴海南自由贸易港在顶层立法层面的政策经验，通过积极争取全国人大或全国人大常委会授权国务院进行先行示范区顶层立法，保持先行示范区建设整体制度更加定型和稳定，既保证"凡属重大改革都要于法有据"，又通过法治力量推动改革深入，为改革创新开放保驾护航。

在资源突破方面，初步估计，目前，深圳可供开发土地面积为50平方千米左右，而北京、上海则有深圳的20倍以上，广州有深圳的十倍以上可开发土地，这说明深圳可开发土地十分匮乏，并严重影响其可持续发展。因此，在继续坚持高质量可持续发展的同时，需要突破土地匮乏等资源上的瓶颈。一方面，争取在新增土地上迅速形成生产能力，让深圳充分发挥大湾区核心引擎作用；另一方面，充分利用好现有的土地资源，承载深圳支柱产业的空间转移，以此进一步提振深圳经济和先行示范区发展的预期。

在金融融合突破方面，历史经验表明，深圳金融业的快速发展离不开毗邻香港这一国际金融中心的优势。尽管当前香港在发展过程中面临诸多困难，但香港金融业的国际化根基依然牢固，深港金融融合发展的诉求依然强烈，香港金融业依然是深圳学习和借鉴的范例。因此，站在深圳金融业进一步发展的起点之上，以及香港金融业化危为机、巩固提高的转折点之上，深港金融融合发展可能比过去任何一个时期都更具紧迫性和必要性。因此，在深港金融融合的新发展阶段，需要以更高的政治站位、更宽的视野，打破利益格局的限制，谋求更广的空间和更大的作为，更加有的放矢地开展粤港澳在金融、科技等方面的合作和三地规则的对接，更加积极主动地汇聚国际金融资本，打造粤港澳大湾区金融开放战略枢纽。

在金融国际化突破方面，可以探索以先行示范区为试点，在发行制度、税收制度、评级制度、会计制度、服务标准等方面全面与国际主流规则接轨，打造与国际先进城市相匹配的金融基础、打造人民币国际化为核心的国际金融市场、打造跨国金融机构集聚的金融业态。

三、以新发展理念构建先行示范区发展新格局

在新发展阶段，深圳必须义不容辞地承担在坚持四个自信中更加精彩地演绎历史的使命，竭尽所能推动和实施中国最高层级的开放与创新，更好地践行习近平新时代中国特色社会主义思想的理论和制度。为此，深圳必须更加准确把握党中央战略意图，以习近平的新发展理念为总方向与总牵引，不折不扣地贯彻中央深改委对于先行示范区建设高瞻远瞩的统筹与协调安排。深圳必须更加积极构建中央顶层设计支持与地方主动创新相结合的新格局，积极构建五位一体高质量发展的新格局，积极构建国内体制机制大破大立的新格局，积极构建粤港澳融合开放发展的新格局。

（一）以"金融＋"战略推动先行示范区新格局的构建

作为先行示范区，在目前国内外经济贸易环境异常严峻的背景下，深圳需要创造性地探索"金融＋双循环"，使得金融能够更好地服务于"六稳""六保"工作，更好地服务于构建"形成以国内大循环为主体、国内国际双循环相互促进的新发展格局"，充分彰显深圳金融的使命担当。深圳要在"金融＋制造"方面精准发力，在"金融＋供应链"方面积极推进，在"金融＋绿色"方面布局打造全球可持续金融中心，全面支持实体经济"内循环"。深圳要在"金融＋科技"方面大力推进全球金融科技中心建设，充分发挥深圳科技研发领先、应用场景丰富等优势，打造国际一流金融科技创新生态圈，把深圳建设为全球金融科技产品开发、企业培育、推广应用高地，打造金融创新和高质量发展"新引擎"。

深圳要以金融开放助力中国"内循环"与全球"外循环"良性互动。

在全球大国竞争格局日趋复杂、经济下行压力加大、金融市场巨幅震荡和各种不确定性叠加的背景下，进一步加大金融改革、开放、创新是助力中国"内循环"与全球"外循环"良性互动的法宝，这就要求以前所未有的力度突破关键领域的开放制度，以前所未有的强度创造更大范围的开放格局，以前所未有的速度推动重大开放举措的落地实施。为此，必须充分利用国际经验和金融资源，提升境内企业的投融资能力，以及金融行业的资产定价、资金融通、风险管理等核心能力，进而优化"内循环"中的资源配置。

（二）以金融融合发展推动新格局的构建

深港金融融合发展新格局形成的关键在于促进与港澳金融市场互联互通，探索将更丰富的交易产品纳入互联互通范围，进一步优化互联互通的各类模式，充分发挥香港作为离岸人民币中心的功能和全球领先的财富管理能力，先行先试推进人民币国际化和外汇制度改革，拓宽跨境人民币融通渠道。尤其是在监管、法律等重点领域通过择优、从简、求同等原则，探索粤港澳三地规则和机制从分散到统一的实施路径，在货币等领域探索发行与人民币挂钩的大湾区统一货币和法定数字货币，进而突破制约粤港澳深度融合和高效融合的体制机制障碍。

（三）以金融创新发展推动新格局的构建

作为金融创新城市，金融发展的关键在于实现金融业的补位、抢位、错位发展。第一，推动建设全球创新资本形成中心。推进深交所建设优质创新资本中心和世界一流交易所，大力建设国际风投创投中心和国际财富管理中心，巩固提升创新资本形成优势和资源优化配置功能，构建全面高效的创新创业金融服务体系。第二，加快构建包含清算、评级、征信的多元化金融基础设施。目前，深圳仅拥有深交所这一全国性的金融市场，在征信、评级、清算系统等金融基础设施建设方面存在明显短板。深圳需要积极争取重大金融基础设施工程在区域内落地，提升集聚金融资源的能力。第三，加快完善包含原生品、衍生品、结构化产品的多层次金融市场体系，从发展股票、债券、保险、基金等传统金融产品向金融衍生品、大宗商品、碳金融、知识产权证券化等领域延伸。

（四）以金融开放发展推动新格局的构建

作为先行示范区，在金融开放发展方面，深圳需要加快与国际主流规则接轨，广泛参与与国际一流城市的竞争，在竞争中求发展、谋改革，在金融市场、金融生态、金融制度等方面全面实现国际化发展。

1. 打造以人民币国际化为核心的金融市场

推行人民币国际化需要通过区域性的试点来完成破局。要充分利用粤港澳大湾区深厚的产业基础和较为开放的金融市场，将大湾区作为推动人民币国际化合适的试验区。一方面，需要进一步推进跨境资本流动的创新发展，拓宽跨境资金流通渠道。另一方面，需要推出更多优质的人民币投资品种，同时推动更多投资标的纳入互联互通范围，提高人民币贸易和投资结算规模，打造人民币全球资产配置中心。

2. 打造跨国金融机构集聚的金融业态

跨国金融机构集聚对于一个地区的国际化发展具有至关重要的作用。一是需要合理划分金融功能区，加快建设世界一流的现代金融服务区，提升承载跨国金融机构集聚的能力。二是需要针对跨国公司区域总部功能的发挥制定更多便利化举措，为提高跨国金融机构的资金使用自由度创造条件，加大对跨国金融机构知识产权的保护力度。三是需要加大对跨国金融机构落户的奖励支持力度，针对跨国金融人才制定相应的住房、医疗、教育、税收等优惠政策。

根据作者 2020 年 12 月在"2020 深圳金融星光"颁奖盛典上的发言整理。

深圳与国际三大标杆城市的差距究竟有多大

摘要：2019 年 8 月，《中共中央 国务院关于支持深圳建设中国特色社会主义先行示范区的意见》明确提出深圳到 21 世纪中叶的发展目标是成为竞争力、创新力、影响力卓著的全球标杆城市。就目前来看，纽约、旧金山、东京是全球公认的标杆城市，也是世界三大湾区的核心城市，代表着全球金融、高科技产业和先进制造业的最高水平。因此，深圳在打造全球标杆城市的过程中，必然要与纽约、旧金山、东京等城市进行对标。

一种观点认为，从经济发展、创新动力、国际影响力等因素评估来看，现在的深圳只相当于 1980 年左右的旧金山、2000 年左右的纽约、2005 年的东京。但事实上，经过 40 年的跨越式发展，深圳无论是在经济水平、创新动力还是国际影响力方面，都已经取得举世瞩目的成就，与世界标杆城市的差距明显缩小。正如习近平在深圳经济特区建立 40 周年庆祝大会上所强调，深圳用 40 年时间走过了国外一些国际化大都市上百年走完的历程，创造了世界发展史上的一个奇迹。这充分说明当今深圳的城市竞争力与 40 年前的旧金山、20 年前的纽约以及 15 年前的东京已经不可同日而语。

通过与国际三大标杆城市的多维度比较，一方面可以充分总结深圳在经济、金融、科技、政府效率等方面的优势，坚定深圳打造全球标杆城市的信心；另一方面，可以在局部领域寻找与全球标杆城市的差距，包括与旧金山的科技差距、与纽约的金融差距、与东京的产业集群差距等，明确顶层体制机制设计和实施路径，积极争取更大力度的政策支持，有的放矢地补齐各领域的短板，"五位一体"地打造国际标杆城市。

一、深圳与世界三大标杆城市的经验数据比较

（一）经济发展的视角

1. 深圳中小企业初具与世界标杆城市比肩的韧性

企业（尤其是中小企业）是推动经济增长、保持经济活力的源泉。东京、纽约等城市之所以能够发展成为全球标杆城市，离不开一大批中小企业的支持。

在企业结构方面，2020 年，纽约市约 22 万家企业中，98% 是小型企业（员工数量不到 100 人），89% 是微型企业（员工数量不到 20 人），这些小微型企业雇佣了纽约近一半的劳动力。日本统计年鉴也显示，东京中小企业数量占比高达 98.9%，是经济中最具活力的部分。与纽约、东京类似，深圳的发展同样得益于中小民营企业的蓬勃发展。截至 2020 年 9 月底，深圳市民营经济商事主体达 348.1 万家，全市每千人拥有商事主体 259 户，拥有企业 162.9 户，创业密度全国最高，已发展成为名副其实的"创业之都"。由此可见，在企业结构方面，深圳已经具备与纽约、东京相似的经济发展优势。

在企业数量增长方面，东京、纽约的中小企业增长相对平稳，对于经济增长起到了一定的"稳定器"的作用，但与此同时，中小企业的增速趋缓对于经济增长和城市活力的提升都产生了一定的制约作用，以至于东京、纽约等传统标杆城市被深圳等新兴城市快速追赶。相比较而言，2015 至 2020 年，深圳商事主体总量的年均增长率达到 20% 以上，为深圳实现经济高质量发展奠定了良好的基础，也为深圳缩小与全球标

杆城市的差距创造了良好的条件。

在企业稳定性方面，东京都政府对于扶持中小企业发展、保持中小企业稳定性推出了一系列有借鉴意义的举措。毫无疑问，政府在促进中小企业更好成长方面发挥着关键性作用。但一些观点认为，政府的功能是让中小企业不受太多风雨摧残而形成大树，但事实是，中小企业如何活得更好，关键在于其自身的核心竞争力和企业家精神，而不是依靠政府的过度保护。深圳中小企业的发展壮大是通过"杀出一条血路"闯出来、创出来、干出来的，而不是在政府的温室中成长起来的。放眼于全球的龙头企业，也必然是在风雨磨炼中成长壮大的。相反，政府的过度保护可能会抑制企业的积极性和创造性，不利于企业发展壮大。政府更多的是为企业提供更优质的服务，为企业发展制定更加科学的激励机制，以及在极端环境下为企业发展保驾护航。

在中小企业的抗压性方面，一些观点认为，深圳中小企业的抗压性明显不足，但不可否认的是，中小企业本身信用等级较低，融资和抵御风险的能力较弱，这是全球普遍存在的现象，而并非深圳特有的现象。东京等城市的中小企业表现出的抗压性更多的是依靠政府的外力，而并非源于企业自身的抗压性。

数据表明，在新冠肺炎疫情期间，纽约和东京中小企业的抗压性同样受到明显冲击。2020年3月1日至9月11日，纽约近6000家企业倒闭，申请破产的企业数量激增约40%。2019年日本全国负债1000万日元以上的企业破产数量同比增长1.8%，达到8383家，是自2008年国际金融危机以来出现的最严重情况。而2020年日本破产企业（负债额1000万日元以上）数量达7773家，且破产企业数量仍在持续增加。

相比较而言，在疫情期间，深圳中小企业的抗压性虽然受到显著冲击，但仍然表现出较强的韧性。深圳GDP增速从2020年一季度的-6.6%到上半年的0.1%，在中国四大一线城市中率先实现上半年GDP正增长，前三季度GDP同比增长2.6%，领跑中国一线城市，这离不开中小企业对深圳经济的强有力支撑。

2. 深圳的世界 500 强企业呈现赶超世界标杆城市的蓬勃发展之势

一个城市的世界 500 强企业的数量和规模既是衡量城市竞争力的重要指标，也是体现中小企业孵化效率的重要表现。2020 年，深圳以八席之位（中国平安、华为、正威国际、恒大集团、招商银行、腾讯、万科集团、深圳投控）超过香港、广州、杭州，位居中国城市第三名。从数量来看，深圳与硅谷已经接近，与东京、纽约还存在较大差距。但可以看到的是，深圳在经过 40 余年的改革开放后，其世界 500 强企业数量就已经超过了洛杉矶、慕尼黑和新加坡等发达经济体的重要城市，取得如此成绩实属不易。从企业平均营收来看，东京上榜企业平均营收为 638 亿美元，纽约上榜企业平均为 736 亿美元，而深圳上榜企业平均为 809 亿美元，超过纽约和东京，表明虽然从总营收上深圳不及纽约和东京，但深圳上榜企业实力十分雄厚，经营效益明显。与此同时，深圳的世界 500 强企业也表现出三大特征：

第一，深圳的世界 500 强企业除了深圳投控是国有企业之外，其他都是民营企业，与北京和上海的世界 500 强企业性质存在明显不同；除了恒大诞生于广州之外，其他均在深圳成长壮大，展现出深圳在企业孵化上的优势。

第二，深圳的世界 500 强企业上升态势明显。从 2020 年排名看，中国平安、华为、正威国际、腾讯、万科集团等五家企业较 2019 年排名均有所上升。腾讯和万科集团的排名分别上升了 40 位和 46 位。华为尽管遭遇各种挑战，仍然保持了上升势头，由 2019 年的 61 位升至 2020 年的 49 位。

第三，深圳的世界 500 强企业后备力量充足。深圳在很多行业领域已拥有一批规模大、创新力强、具备冲击世界 500 强的千亿级或是接近千亿级的领军企业。这些企业与最近 30 年新增的世界 500 强企业的科技创新特征相近。在接下来的十年内，深圳在新能源、智能制造、供应链、金融等领域预计会诞生一批世界 500 强企业，在数量上有望超过旧金山，与纽约相当。

3. 深圳的经济发展呈现出优于世界标杆城市的增速与活力

2019 年，深圳 GDP 从 1978 年的不足两亿元增长至 2.69 万亿元，在全球城市经济竞争力排名全球第四，也是中国唯一进入前十的城市。深圳建市 40 年来，年均 GDP 增速超过 20%，年均税收增速接近 30%，增速远超世界标杆城市。即使是在疫情的严重影响下，2020 年深圳前三季度的 GDP 增速仍然能够保持在 2.6%，表现出明显快于世界标杆城市的增长水平。

对比来看，2020 年深圳 GDP 约为 2.77 万亿元，虽然仍然不及纽约和东京 GDP 的 1/2，但经济总量已经超过旧金山。与此同时，深圳失业率为 2.4%，远低于纽约失业率 4.3%。

人口增长是城市发展和创新的基石。目前深圳每年人口增长率为 0.9%，与纽约、旧金山持平，优于东京的 0.77%。从人口总量来看，2020 年，深圳有 1290 万人，略低于东京的 1318 万人，明显超过纽约的 850 万人和旧金山湾区的 768 万人，实际管理服务人口 2500 万左右，具有成为国际化大都市的潜质。更为重要的是，深圳平均年龄仅为 33 岁，相比于人口老龄化严重的东京，深圳人口红利带来的优势显著。

4. 深圳产业结构具备世界标杆城市的多元化基础

城市竞争力的比较是产业综合竞争力的比较。一些观点之所以认为深圳的产业发展水平落后世界三大标杆城市 15 年以上，是基于单个产业比较得出的结论，而忽视了整体产业结构和产业生态的重要性。

总体而言，深圳产业结构主要表现在金融产业与科技产业相得益彰，高质量发展的特性日益凸显。一方面，深圳是敢为人先的科技之城。深圳拥有华为、腾讯、大疆等一批世界级电子信息企业，电子信息制造业规模已占全国规模的六分之一，约占全球的十分之一。另一方面，深圳是比肩一流的金融之城。虽然深圳金融中心排名全球第九，但深圳的资本市场却是国内最具活力的，深交所交易量多年位居全球前三。2015 — 2017 年，深交所 IPO 企业数量全球第一。2020 年前三季度，深圳金融业实现增加值 3118.98 亿元，同比增长 10.2%，比上半年

（9.1%）提高 1.1 个百分点，金融业增加值占同期 GDP 比重为 15.8%。前三季度金融业实现税收（不含海关代征和证券交易印花税）1102.5 亿元，占全市总税收的 24.2%，继续稳居各行业首位。

深圳的产业结构凸显"三个为主"：经济增量以新兴产业为主，新兴产业对 GDP 增长贡献率达 40.9%；工业以先进制造业为主，先进制造业占工业比重超过 70%；三产以现代服务业为主，服务业占 GDP 比重 60.5%，现代服务业占服务业比重提高至 70% 以上，以金融业和高新技术发展为背景的深圳未来将有更大的优势打造成国际化标杆城市。

相比较而言，尽管旧金山、纽约、东京在科技、金融、高端制造业等领域具有明显优势，但在产业的完整性上仍然存在一定的短板。

对于旧金山而言，高科技产业是其支柱产业，苹果、谷歌、微软、特斯拉等一批享誉全球的高科技企业都在此诞生，集聚了全球最为重要的创新资源和核心技术，这是助力旧金山成为世界标杆城市的最重要条件。然而，与深圳相比，旧金山的金融业态存在一定不足，金融市场主要以创投市场和社区银行为主，金融的功能集中体现为企业孵化功能，但缺乏国际创新资本集聚所需的股票市场和债券市场，也缺乏进行风险管理的衍生品市场，因此较难通过资本市场对企业的中后期发展提供强有力的资金支持和贡献。相反，随着中国全面扩大开放的"双循环"战略的不断推进，深圳中小企业获得资金的成本将不断降低，金融支持实体经济发展的功能将得到进一步彰显。

对于纽约而言，以金融业为代表的现代服务业毫无疑问是其重要的支柱产业，代表着全球最具竞争力的产业发展水平。纽约的 15 家世界 500 强企业中，共有 11 家为金融企业，高居全球第一。但除此以外，纽约的世界 500 强企业中只有一家制药企业（辉瑞）、一家烟草公司（菲利普·莫里斯）、一家电信公司（威瑞森电信）和一家食品公司（百事），表明纽约在实体产业方面仍然存在一定的短板，尤其是在科技行业缺乏世界龙头企业，极易造成金融脱实向虚和产业空心化，对产业的长期健康发展和国际领先地位的保持产生了不利影响。

对于东京而言，其经济形态已经迈入知识密集型的服务型经济形态，产业生态完整，高端制造业优势突出，形成高端制造业和高附加值型服务业并举的产业结构。无论是世界 500 强企业的数量还是规模，东京均排全球第二名，仅次于北京，明显高于纽约、旧金山和深圳。同时，东京的世界 500 强企业的行业分布广泛，覆盖金融、汽车、零售、医药、电子等行业。然而，在日本房地产泡沫破灭后，东京的产业受到较大冲击，增长相对乏力，企业盈利能力和利润水平均低于旧金山、纽约和深圳。与此同时，东京产业在近年面临来自中韩等国产业替代的挑战以及互联网产业变革的冲击，产业竞争力可能面临进一步被削弱的风险。

（二）创新动力的视角

在总体创新实力方面，深圳的研发、专利等指标与世界标杆城市差距在近 20 年明显缩小，基本代表中国最高的科技水平，个别领域处于全球领先水平。从数据来看，深圳全社会研发投入超千亿，占 GDP 比重由 2012 年的 3.81% 上升到 2019 年的 4.93%，PCT 国际专利申请量约占全国 30.6%，连续 16 年居中国城市首位，总量超过英国、韩国、新加坡。作为全国重要影响力的风投、创投中心城市，深圳已形成梯度分布格局和老中新层次体系，成为推动经济转型升级、提质增效的"新引擎"。

在基础研究方面，深圳与全球基础研究的标杆硅谷仍然存在一定差距。硅谷在 20 世纪八十年代引领第三次工业革命，诞生了一批世界领先的企业。正是得益于第三次工业革命确立的先发优势，其他地区通常只能享有硅谷核心技术的使用权，而无法享受核心技术的共同开发权，因此，硅谷至今仍然通过成本壁垒和技术壁垒在部分核心技术研发和使用上占据主动。中国由于在核心技术的研发上起步较晚，易于受到其他境外企业的技术掣肘，这是深圳乃至中国急需补齐的短板。

但一方面，需要以动态的眼光看待技术变化。当前，以信息化、智能化、数字化和新能源、新材料为主的"第四次工业革命"的到来已经逐渐成为共识。在数字化、智能化等领域，深圳与国际标杆城市基本处于同一起跑线，甚至处于全球的领跑者，有望在新一轮工业革命中实现研发和科技的弯道超车。

在由英国智库 Z/Yen 集团与中国（深圳）综合开发研究院共同编制的第 28 期"全球金融中心指数报告（GFCI 28）"中，深圳首次跻身全球十大金融中心。世界知识产权组织专利数据库发布的"2020 年全球金融科技专利排行榜 TOP100"显示，中国平安以 1604 项金融科技专利申请量排名全球第一；在榜单前十名中，平安旗下公司占据一半，平安科技、金融壹账通、平安人寿、平安产险及平安医保科技悉数入榜。在 IPR Daily 发布的"2019 年全球银行发明专利排行榜（Top100）"中，微众银行以 632 件专利申请量成功跃居全球银行发明专利排行榜首位。

另一方面，需要以全面的眼光看待技术变化。尽管基础研发仍然具有最高的附加值，但随着技术和生产工艺的复杂程度日益提高，一项高精尖产品的研发往往需要依托完整的产业链和创新链，要求大量高科技企业的协同合作，而单一企业的话语权已经被大幅削弱。目前，深圳在全世界高科技产业链和创新链的环节中已经占据了重要位置，这将助力深圳抢占世界基础研发领域的制高点。

值得一提的是，部分观点认为深圳的本土高校较少，各类智库相对有限，对于基础研究的支持力度不足，与国际标杆城市以及国内北京、上海等城市相比存在明显短板。但随着深圳政府大力引入海内外名校入驻，如香港中文大学（深圳）、哈尔滨工业大学（深圳）、深圳北理莫斯科大学、清华大学深圳国际研究生院、北京大学深圳研究生院等；以及大力培育本土高校，如深圳大学、深圳技术大学、南方科技大学等，深圳本土高校正呈现强势崛起之势，深圳在教育质量和数量上的差距与标杆城市正在逐渐缩小。

（三）国际影响力的视角

国际影响力是世界标杆城市的必备要素。在国际影响力方面，深圳与国际标杆城市仍然存在较大差距，这来自深圳政策支持力度相对不足、城市发展历史较短、城市发展空间受限、营商环境有待进一步加强等主客观原因。通过总结国际影响力的形成因素，可以为深圳未来的发展指明方向。

1. 国际影响力需要历史的积淀

深圳是改革开放后中国共产党和人民一手缔造的崭新城市，相比于其他具有超过百年历史的城市，深圳的历史积淀相对不足，难以在历次工业革命中充分积累国际影响力，需要充分把握当前百年未有之大变局和未来第四次工业革命的战略机遇期，不断在经济、金融、科技等领域提升国际地位。

2. 国际影响力需要强有力的政策支持

纵观世界三大标杆城市的发展历程，政府的顶层设计都或多或少地贯穿了城市繁荣发展的始终，政府超前的顶层规划使城市得天独厚的自然地理禀赋和经济发展潜能得以充分发挥。政府还通过超前制定相关法律法规、专项规划和发展战略，通过宏观调控和市场配置，使得城市在既定的轨道内平稳有序发展，从而达到提升国际影响力的目的。

3. 国际影响力需要高度开放的市场

国际标杆城市通常具有高度国际化的市场，这就要求具有高度自由可兑换的国际货币、高度便利化的跨境资本流动和高度国际化的金融市场。由此可见，高度开放的市场也是提升国际影响力的基本要素。习近平强调，过去40年中国经济发展是在开放条件下取得的，未来中国经济实现高质量发展也必须在更加开放的条件下进行。长期以来，深圳作为对外开放的前沿阵地，必将在对外开放的新形势下受益。深圳也只有在改革开放再出发的过程中贯彻"排头兵、先行地、实验区"的使命，才能实现国际化水平和影响力的提升。

4. 国际影响力需要集聚各类要素和资源

世界三大标杆城市都具备极强的要素和资源集聚能力，能够对资本、企业、人才等产生虹吸效应。相比较而言，深圳目前缺乏重要的国际组织和机构，承担的大型国际会议和活动相对不足，各领域发展规划和标准尚未与国际接轨，不利于深圳国际形象的提升。以金融行业为例，无论是多层次资本市场的建设，还是国家级金融基础设施的建设，深圳都长期处于追赶者和模仿者的角色，不利于深圳塑造卓越的世界标杆城市，也不利于高端人才、基础人才的集聚。与此同时，相比于东京、北京、上海等特大型城市，深圳的土地资源相对匮乏，对各类国际化要素的集聚形成了较大制约。

5. 国际影响力需要采用全球主流的规则和标准

以纽约、东京和旧金山等为代表的世界标杆城市在不同领域的发展过程中，通常已经制定了一套具有国际认可度的规则，或者已经采用了符合国际规范的主流规则，大幅降低了境外人员或机构参与本土的投资交易、技术研发等方面的规则障碍，进而易于在全球形成影响力。因此，深圳在提升国际影响力的过程中，必须不断加强对境外主流规则的了解，一方面增强对于境外主流规则的适应程度，另一方面增强在国际主流规则制定中的话语权。

6. 国际影响力需要强有力的经济基础

无论是纽约、东京和旧金山，都属于高密度、高产出的超级发达地区。而深圳已经具备了较大的经济规模，并且相比于全球标杆城市，经济仍然保持在中高速增长，具备了成为全球标杆城市的经济基础。

7. 国际影响力需要依托一流的宜居环境和营商环境

在央视发布的《2019 中国城市营商环境报告》中，深圳在四个直辖市、27 个省会城市和自治区首府，以及五个计划单列市中，城市营商环境总排名位列全国第三，可见深圳在改善营商环境方面已经取得了长足的进步。与此同时，深圳单位 GDP 能耗、水耗在全国大中城市中最低，PM2.5 年均浓度持续下降，空气质量达到国际先进水平，已建成"千园之城"，常态化的碧水蓝天绿地成为城市靓丽名片。未来深圳可在宜居环境和营商环境的改善上持续发力，在可持续金融等领域实现抢位发展。

综合而言，深圳的总体发展水平和城市竞争力已经处于全球性顶尖城市的行列，且在发展潜力上明显优于传统标杆城市，具备了打造世界标杆城市的基本条件，但在局部领域与国际标杆城市仍然存在较大差距。未来深圳应当充分利用自身的经济优势、产业优势、政策优势，推动重点领域取得新的更大成就。

二、政府在深圳创新发展中的关键作用

一些观点认为，相比于东京等世界标杆城市的政府，深圳市政府在促进企业创新发展中的作用明显不足，但事实上，长期以来，深圳市政府"摸着石头过河"，制定和实施了一系列的科技创新引导与激励政策措施，而深圳产业和企业的发展也离不开一系列产业政策的强有力支持。按照产业政策的主导方向，可以将产业政策分为特区起步与工业化启动、特区城市化与快速化工业、全域城市化与高新产业主导、城市转型与创建国家创新型城市、自主创新示范区建设与"双创驱动"等五个阶段。在各个阶段，深圳市政府均审时度势，出台大量产业支持政策文件，带动产业快速发展。

近几年，深圳市政府出台了一系列政策，比如《深圳市扶持金融业发展的若干措施》《深圳市促进创业投资行业发展的若干措施》等，其中《关于以更大力度支持民营经济发展的若干举措》中提出设立总规模1000亿元的深圳市民营企业平稳发展基金，对符合经济结构优化升级方向、有发展前景的民营企业进行支持；以及用好100亿元债权资金和50亿元股权基金，缓解优质上市公司股票质押风险。此外，针对深圳IP和知识产权保护，深圳建立起严格的知识产权保护制度，出台《深圳市关于加大营商环境改革力度的若干措施》，以及《关于促进科技创新的若干措施》等政策。

值得一提的是，2020年上半年，深圳认真落实国家部委有关金融支持政策，督促银行机构对中小微企业贷款实施临时性延期还本付息，不抽贷断贷压贷，体现出疫情下的金融担当。一是出台《深圳市应对新型冠状病毒感染的肺炎疫情支持企业共渡难关的若干措施》（简称"惠

企 16 条"），对受疫情影响严重的中小微企业进行贷款贴息，按实际支付利息的 50% 给予总额最高 100 万元的补贴。二是用足用好央行专项再贷款再贴现资金，截至 2020 年 6 月底，深圳 84 家重点企业获得优惠利率贷款合计 44.7 亿元；地方法人银行累计发放符合支小再贷款要求的小微贷款 65 余亿元，平均利率 4.14%；辖区金融机构办理企业复工复产再贴现业务近 4000 笔，合计 125.7 亿元。三是深圳在全国率先启动"金融方舟"项目，组织银证保各类金融机构协同作战，创新开展金融支持企业抗疫专项行动，截至 2020 年 7 月，已举办八场政策宣讲会暨银企对接会，服务中小企业 2.5 万家，累计放款超过 1500 亿元。此外，还充分发挥国有融资性担保机构作用，通过减免担保费等系列措施，为更多企业提供临时性周转资金和中长期增信支持。

未来深圳市政府还将进一步优化政府与市场的功能，坚定不移贯彻新发展理念，先行先试创新链产业链融合发展体制机制，围绕产业链部署创新链、围绕创新链布局产业链，在关键节点上对中小企业进行更加精准的调控、扶持、支持。

三、深圳打造国际标杆城市的重点发展方向

（一）顶层设计支持，实现重大制度创新

在深圳打造世界标杆城市的过程中，必然涉及大量重大举措的实施，而金融业等部分行业属于中央事权高度集中的行业，其创新发展需要中央各部委全力支持与相互配合。因此，一方面，必须在顶层设计的统筹下，强化先行示范区建设的战略意义，促使中央各部委以更大力度推动先行示范区与国际市场接轨以及重大工程的落地。另一方面，有必要借鉴海南自由贸易港在法治建设方面的政策经验，通过顶层立法的形式，保持先行示范区建设整体制度更加定型和稳定，既保证"凡属重大改革都要于法有据"，又通过法治力量推动改革深入，为改革开放保驾护航。

（二）摸着石头过河，实现重点领域突破

在顶层设计的基础上，必须继续坚持"摸着石头过河"的方式，不断在实践中检验深圳改革开放的理论。只有敢于"摸着石头过河"，善于"摸着石头过河"，才能实现稳定与创新发展的有机平衡。深圳在与国际主流规则接轨的过程中，可能涉及大量并无先例的创新性举措，通过"摸着石头过河"这种渐进式的实践方式，既有利于坚持改革开放的基本方向，深化重要领域和关键环节改革，保证一揽子试点政策取得实效；同时，又能够有效规避改革开放过程中的重大失误，降低先行先试面临的政治、经济和社会风险。

（三）探索与重点国际规则接轨

第一，以创业板发行注册制改革为契机，推动资本市场发行规则与国际接轨，进一步树立"大市场、小政府"和"资本市场着眼于未来"的国际化发展理念。同时，加强与注册制相关的配套制度安排，包括事前信息披露、事中交易和一线监管模式、事后违法惩戒和退出机制等，使注册制的制度设计充分对接国际标准。

第二，尝试在深圳试点与国际接轨的金融法律体系，包括金融法律仲裁模式、投资者保护、债券违约处置等，使深圳金融案件的处理符合国际法律规范。

第三，尝试构建与国际接轨的债券评级体系，着力完善评级技术与数据体系，打造具有国际公信力的评级标准，助力深圳本土企业通过"走出去"实现国际化融资。

第四，探索在税收制度上对标香港、新加坡市、伦敦等标杆城市，尝试最具竞争力的个人所得税、企业所得税和资本所得税制度。

第五，尝试在金融科技、绿色金融、金融发行承销服务等方面与国际接轨，增强深圳在国际行业标准树立中的话语权，提升深圳投资银行、律师事务所、会计师事务所等金融服务类机构的国际竞争力。

（四）助力打造与纽约、旧金山、东京三大湾区比肩的粤港澳大湾区

粤港澳大湾区建设是国家重大发展战略，深圳作为大湾区建设的重要引擎，必须积极作为，深入推进粤港澳大湾区建设。尤其是推动三地经济运行的规则衔接、机制对接，在重点领域探索从分散到统一的实施路径，突破制约粤港澳深度融合和高效融合的体制机制障碍，提升市场一体化水平。

（五）注重深港融合发展

深圳产业的快速发展离不开毗邻香港这一国际金融中心的优势。香港在长期发展过程中形成的与国际接轨的市场基础和制度基础为深圳金融业的国际化路径提供了重要参照，为深圳开展国际金融合作提供了重要平台。尽管当前香港在发展过程中面临诸多困境，但香港金融业的国际化根基依然牢固，深港金融融合发展的诉求依然强烈，香港金融业依然是深圳学习和借鉴的范例。因此，站在深圳金融业进一步腾飞的起点之上，以及香港金融业化危为机的转折点之上，深港融合发展可能比过去任何一个时期都更具紧迫性和必要性。因此，需要实现与港澳在经济、科技、产业方面的合作、互补，更好贯彻"一国两制"和保持港澳长期繁荣稳定的方针。

根据作者 2020 年 11 月发表于凤凰网的同名文章整理。

深圳创新之路：科技与金融相得益彰

摘要：2020年8月26日既是深圳经济特区成立四十周年，同时也是《中共中央 国务院关于支持深圳建设中国特色社会主义先行示范区的意见》（以下简称《意见》）发布一周年。在这个特殊的历史节点，深圳市地方金融监督管理局推出了"先行示范区金融大讲堂"活动，旨在共同探讨先行示范区未来的金融创新发展战略，助力深圳建设全球金融中心城市。2020年12月15日，"先行示范区金融大讲堂"迎来第三期，林居正作为主讲嘉宾之一，畅谈了深圳科技与金融相得益彰的创新之路，提出要想将深圳打造成为"创新""先行"和"全球标杆"城市，既要进一步促进科技与金融的融合发展，也要注重软环境建设，探索围绕金融科技发展的核心要素，加快推动与国际规则和标准接轨。

在深圳经济特区建立40周年庆祝大会上，习近平强调，要坚定不移实施创新驱动发展战略，培育新动能，提升新势能，建设具有全球影响力的科技和产业创新高地。毫无疑问，在新发展阶段，科技创新将是未来推动中国经济高质量发展、贯彻新发展理念、构建新发展格局，推动"双循环"国家战略实施的重要抓手。

2020年8月出台的《深圳经济特区科技创新条例》充分诠释了深圳政府在支持科技创新方面的敢想敢试、敢为人先的精神，为推动深圳更高层次科技创新提供了强有力的政策支持。当然，除了政策支持外，深圳高科技产业的蓬勃发展也离不开金融发展与创新的支持。在疫情期间，深圳率先启动"金融方舟"项目，组织各类金融机构协同作战，积极支持企业抗疫专项行动。

深圳不仅是敢为人先的科创之城，也是比肩一流的金融之城、卓越效益之城，更是一座科技创新与金融发展相得益彰的城市。以高新技术产业和金融业发展为支柱、为背景的深圳，未来将有更大的优势发展成国际标杆城市。更为重要的是，在习近平亲自谋划、亲自决策、亲自推动的"双区"战略驱动下，深圳的金融软环境将不断提升完善，并逐渐与国际主流规则接轨。

《深圳市金融业高质量发展"十四五"规划》强调，深圳应着力打造全球金融科技中心。首先，深圳将推动深交所建设优质创新资本中心，为科技发展集聚创新资源，为中国硅谷的建设提供世界一流的融资平台。其次，深圳将充分发挥深圳科技研发领先、应用场景丰富等优势，打造国际一流金融科技创新生态圈，从而强化金融服务高科技企业的能力，助力深圳建设全球科技产品开发、企业培育、推广应用高地。最后，深圳将加快建设国际风投创投中心城市，促进高科技企业更好对接多层次资本市场，构建全面高效的创新创业金融服务体系。

当然，除了要对"十四五"深圳金融助力科技产业发展进行展望，更需要从更长远角度探索一条深圳金融与高科技产业良性互动和融合发展之路。从 2035 年和 21 世纪中叶远景来看，无论是深圳科技，还是深圳金融的发展均需要定位于三大主题，即"创新""先行"与"打造全球标杆"，这承载着《意见》赋予深圳科技与金融发展的历史使命。

首先，经过 40 年的发展，深圳积累了丰富的创新实践和创新经验，为中国改革发展创造了数百项"中国第一"，深圳的城市特质决定其适合在这片热土进行各种创新。其次，深圳作为先行示范区，需要在促进产业发展的重大体制机制方面先行先试，探索与国际主流规则全面接轨，打造国际一流的营商环境，让"金融"与"科技"成为深圳的两张国际名片。最后，《意见》提出了 21 世纪中叶深圳将建设成为全球标杆城市。"看似寻常最奇崛，成如容易却艰辛。"深圳要实现全国创新城市、先行城市和卓越的全球标杆城市的目标，必须准备付出更艰苦的努力，而进一步促进金融与科技融合无疑是重中之重：

一是以数字货币创新助力人民币国际化。贯彻落实中央有关支持深圳开展数字货币研究和移动支付创新工作的意见，探索区块链技术与数字人民币（DCEP）结合的应用情境范本，打造符合粤港澳三地对数字货币和跨境支付需求的可复制推广模式，为更广阔的国际化市场应用情境提供可参考的经验。

二是探索科技监管的新模式。积极开展监管沙盒试点，鼓励运用科技治理和合规科技，推动实施包容性监管，着力建设国家级金融监管科技示范区。

三是以河套深港科技创新合作区为依托加强深港金融科技融合发展。探索深港双方政府及企业共同出资、设立特别合作区开发基金等方式，吸引境内外高科技企业在片区落地。深港双方通过秉承融合发展、互利共赢的原则，对深港南北双园进行统一规划、统一开发建设、统一合作区政策及招商引资，并在此基础上，力争在合作区内尝试深港制度和政策协同，以及企业的 GDP 和税收共享。

四是探索人工智能、区块链、云计算、大数据等底层技术与金融深层次融合发展的新渠道。目前在科技与金融投融资等方面的融合，仍然处于探索阶段，缺乏规范性和标准化的技术体系，进而可能导致金融过度创新和风险外溢。因此，亟需探索如何将科技领域的相关技术标准与金融业务的应用场景有机结合，为金融科技创新划定技术边界。

与此同时，也需要注重金融与科技融合发展的软环境建设，探索与国际规则和标准接轨。技术、资金、政策、人才和市场是金融科技产业发展的五个核心要素，为了实现打造卓越的全球标杆城市的目标，需要加强与国际主流规则和标准接轨。

技术层面，需要积极参与甚至主导全球金融科技行业的技术标准制定，在全球金融科技的发展过程中抢占技术高地，形成具有全球领先地位的技术水平。

资金层面，需要以创业板发行注册制改革为契机，推动资本市场发行规则与国际接轨。构建与国际接轨的债券评级体系，打造具有国际公信力的评级标准，助力深圳高科技企业通过"走出去"实现国际化融资。

政策层面，可以试点与国际接轨的法律体系，构建知识产权保护的法律体系，探索在制度上对标香港、新加坡市、伦敦等标杆城市，采用全球最具竞争力的产业政策、税收政策、激励政策。

人才层面，需要完善金融科技人才的评价体系，优化金融科技人才的培养体系，着力打造高素质、复合型、国际型人才的集聚地。

市场层面可以借鉴纽约华尔街、伦敦金融城等金融功能区的国际化发展模式，推进金融科技产业集群发展。推动初创金融科技企业的孵化和培育，为国际一流金融科技企业的引进创造载体。

在世界百年未有之大变局和中央全面深化改革、全面扩大开放的背景下，在各界的大力支持和共同努力下，在科技创新条例和金融业跨越式发展的强有力赋能下，深圳的科技水平和创新能力一定能够再上台阶，创造更大的让世界刮目相看的新奇迹。

根据作者 2020 年 12 月在第三期"先行示范区金融大讲堂"上的发言整理。

深圳金融科技的国内外比较与发展路径研究

摘要： 在金融科技成为世界主要金融城市竞合焦点的大背景下，既需要充分了解全球金融科技产业发展现状，梳理金融科技发展中的重要政策，明确金融科技产业的总体特征，又需要在政策环境、发展生态、企业实力、基础设施、人才储备方面进行全球对标，以此找准深圳金融科技的发展趋势以及优势短板。深圳需要注重金融科技产业的顶层设计、顶层推动和顶层监管，通过顶层立法和特区立法相结合的形式实现金融科技的法治化发展，并可以重点围绕数字金融、科技监管、打造深圳金融科技的城市名片等方面进行突破。

在世界金融科技发展的同时，中国金融科技行业迅速崛起，成为促进经济高质量发展的强劲力量。在英国智库 Z/Yen 集团和中国（深圳）综合开发研究院联合编制的第 28 期"全球金融中心指数报告（GFCI 28）"中，中国城市占据了全球十大金融中心排名的四席（上海、北京、香港、深圳），充分说明中国金融科技水平已经处于全球领先地位。然而，与国内外主要金融科技地区相比，深圳金融科技在部分领域依然存在短板，因此，有必要通过与国内外主要金融科技地区的比较，找准深圳金融科技发展的方向、比较优势和不足，进而有的放矢地制定提升深圳金融科技发展水平的对策，走出富有特色的发展道路，助力将深圳打造成为全球金融科技中心。

一、国内外主要金融科技地区的发展现状

（一）金融科技支持政策不断涌现

从全球范围来看，金融科技成为各国和地区塑造金融竞争优势的前沿阵地。美国、英国、新加坡、瑞士、欧盟等国家和地区都在金融科技领域出台了一系列支持政策，发起了与金融科技相关的计划，设立了推动金融创新的管理机构，并不断加码金融科技投入。以美国为例，美国众议院金融服务委员会成立了高级别的人工智能工作组，专门开展人工智能技术在监管中的应用研究；同时，美国金融业监管局通过设立金融创新办公室、发起数字平台计划等方式，加强数字化金融管理，提升金融创新能力。

为了顺应全球金融科技蓬勃发展的大趋势，中国促进金融科技发展的步伐也在明显加快。自 2017 年以来，国家和各部委相继发布金融科技相关政策和标准，包括国务院发布的《新一代人工智能发展规划》、中国银保监会发布的《关于推动供应链金融服务实体经济的指导意见》、中国人民银行发布的《金融科技（FinTech）发展规划（2019 — 2021 年）》等。与此同时，中央各监管机构在金融科技细分领域的政策也不断深入，涉及金融科技技术标准、业务规范、风险管控等多个方面，其中，金融科技应用安全成为细分领域监管政策中提及最多的方面。

随着顶层设计的完善，中国各地市也开始积极布局金融科技，北京、上海、深圳、广州、重庆、成都、武汉等全国主要一、二线城市都相继出台了金融科技相关的产业扶持政策，通过招商融资、人才补贴、融资支持、研究奖励、专项投资基金等各项优惠政策引进优质金融科技企业、研发机构及高端人才。同时，各地方都在积极申报金融科技相关试点并出台配套措施，稳步推进项目落地工作。

表 1　中央关于金融科技细分领域的监管政策

发文机构	发布时间	政策名称
人民银行	2020.10	《金融科技发展指标》
	2020.04	《关于开展金融科技应用风险专项摸排工作的通知》
	2020.02	《关于发布金融行业标准做好个人金融信息保护技术管理工作的通知》
	2020.02	《关于发布金融行业标准加强商业银行应用程序接口安全管理的通知》
	2020.02	《网上银行系统信息安全通用规范》
	2019.10	《金融科技产品认证目录（第一批）》《金融科技产品认证规则》
	2019.09	《关于发布金融行业标准加强移动金融客户端应用软件安全管理的通知》
银保监会	2020.07	《商业银行互联网贷款管理暂行办法》
证监会	2020.08	《证券公司租用第三方网络平台开展证券业务活动管理规定（试行）》征求意见
	2020.07	《证券服务机构从事证券服务业务备案管理规定》
	2020.03	《关于加强对利用"荐股软件"从事证券投资咨询业务监管的暂行规定（2020年修订）》
	2020.02	《证券期货业投资者权益相关数据的内容和格式》
	2020.01	《证券公司风险控制指标计算标准规定》
	2019.09	《证券期货业软件测试规范》
	2018.12	《证券基金经营机构信息技术管理办法》

资料来源：根据公开资料整理

表 2　中国各地市金融科技专项政策

发布时间	地区	政策名称
2020.05	成都	《成都市金融科技发展规划（2020—2022年）》
2020.04	重庆	《重庆市人民政府办公厅关于推进金融科技应用与发展的指导意见》
2020.01	上海	《加快推进上海金融科技中心建设实施方案》
2019.12	苏州	《苏州工业园区关于金融科技发展实施意见的管理细则》
2019.10	上海	《关于促进金融科技发展支持上海建设金融科技中心的指导意见》
2019.09	厦门	《中共厦门市委　厦门市人民政府关于大力建设金融强市打造金融科技之城的意见》
2019.05	杭州	《杭州国际金融科技中心建设专项规划》
2019.05	苏州	《苏州工业园区关于促进金融科技发展的实施意见》
2019.04	湖南	《湖南湘江新区管理委员会关于支持金融科技发展的实施意见（试行）》
2019.04	成都	《关于支持金融科技产业创新发展的若干政策措施》
2018.10	广州	《广州市关于促进金融科技创新发展的实施意见》
2018.10	北京	《北京市促进金融科技发展规划（2018年—2022年）》
2018.06	杭州	《关于加快推进钱塘江金融港湾建设更好服务实体经济发展的政策意见》
2018.03	宁波	《宁波保税区管理委员会关于加快推进金融科技产业创新发展的实施意见》
2017.03	深圳	《关于促进福田区金融科技快速健康创新发展的若干意见》

资料来源：根据公开资料整理

（二）金融科技市场主体百花齐放

作为金融科技的主体之一，金融科技企业发挥了重要作用，主要包括从互联网公司发展而来的科技金融类企业，以及从金融公司中派生出来的金融科技类企业。正是由于金融业务同质化明显、同业与跨界竞争加剧等原因，近年来，传统金融机构面临科技金融类企业的较大竞争压力。

为扩展市场、提高效益，国内外很多重要金融机构开始加大科技投入，竞相提出相关发展战略，同时也促成了金融科技企业百花齐放的态势。

1. 全球金融科技企业发展现状

国际主流的金融机构都在金融科技领域有所布局。以 2019 年为例，全球代表性金融机构的 IT 投入占利润比重均高于 25%，其中瑞银集团的 IT 投入占利润比重高达 81.2%，道富银行的占比达 65.3%，美国银行、花旗银行等的占比也均在 30%~50% 之间。

表 3　全球部分金融机构科技创新战略布局

公司名称	战略内容
摩根大通	提出"Mobile First，Digital Everything"的数字化转型战略，同时扩大技术投资，与美国金融服务创新中心联合建立实验室，建立金融科技园，引进科技人才。
美国银行	先后推出"Keep the Change"，创新服务、开发PRIAM人工智能交易预测系统，通过埃里卡(Erica)开发AI智能助手，提升数字银行业务体验。
富国银行	提出"小型化、广泛化、社区化、智能化与线上线下一体化"的"五化"策略，积极拥抱新兴技术，是美国第一家推广苹果支付（Apple Pay）的银行。
花旗银行	发布2020展望报告，将金融科技列为未来重点趋势，确定了数据分析、数据货币化、移动支付、安全认证、新兴IT和下一代金融科技服务等六个对金融未来至关重要的创新领域。
瑞银集团	将"创新与数字化"作为其优先发展的重要战略，研发智能投顾平台Smart Wealth，与Broadridge合作开发财富管理平台，迎战科技创新。
摩根士丹利	提出通过数据驱动、金融科技生态实现财富管理转型的金融科技战略，通过Fintech Summit等方式探讨资本市场和证券、银行和支付、投资和财富管理等领域跨界合作机会。
道富银行	确立了以科技领先和全球化服务作为核心竞争力的战略目标，加大信息系统建设，启动Beacon计划，对业务链条进行全面数字化改造，发挥托管业务规模效应，建立了全球托管业务体系。
高盛集团	成立数字消费金融业务Marcus，开发数字现金管理支付平台，通过打造多层次的数字财富管理业务布局金融科技。

资料来源：中国信通院

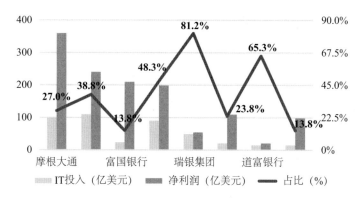

图 1　2019 年全球部分金融机构 IT 投入与所占净利润对比

资料来源：中国信通院

2. 中国的金融科技企业发展现状

总体而言，中国金融科技市场主体的来源和类型呈现多元化的特征。一是以蚂蚁金服、京东金融为代表的具有科技背景的企业，该类企业依托其平台、技术、数据和人才优势发展金融科技；二是以金蝶、用友等为代表的具有金融 IT 背景的企业，该类企业利用其为金融行业的科技服务经验进行战略布局；三是以招商银行、中国平安为代表的传统金融机构，通过金融科技业务转型或成立金融科技子公司来拓展业务和服务模式。除此以外，金融科技的相关企业还包括从传统企业中衍生出来的金融科技企业，如苏宁金融；以及金融 IT 企业，如宇信、恒生等。

值得关注的是，央行通过多地布局金融科技，以市场化形式成立金融科技公司，逐渐发挥起金融科技行业引领作用。截止 2020 年 8 月，央行陆续在深圳、苏州、北京等地分别成立深圳金融科技有限公司、长三角金融科技有限公司以及成方金融科技有限公司等三家金融科技公司。这些央行系金融科技公司在重大共性技术研发、重大创新应用突破及核心标准制定等方面优势明显，有望在升级监管科技手段、推动金融科技深度应用方面发挥重要作用。

（三）金融科技融资能力分化明显

1. 全球范围的金融科技融资能力现状

近些年来，全球金融科技投融资发展趋于回落。2019 年全球金融科技投融资总额为 374 亿美元，相较 2018 年下降 10.7%。2020 年以来，受疫情影响，金融科技投融资下降幅度较大，2020 年第二季度投融资笔数降至近十个季度最低值。

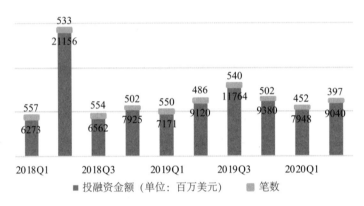

图 2　全球金融科技投融资金额及笔数分析（2018Q1-2020Q2）
资料来源：CB Insights

从全球各区域来看，除北美外，其他地区金融科技投融资金额均有所下降。其中，亚洲金融科技投融资持续减少，自 2019 年第三季度开始持续下降，截至 2020 年第二季度已下降了 64%，投融资金额相较于前一季度下降了近十亿美元。目前，北美地区在全球金融科技投融资市场规模中占比最高，占 40%；欧洲次之，占 19.3%。

2. 中国的金融科技融资能力现状

相比较而言，国内新增上市金融科技企业融资表现优异。2019 年上市的九家金融科技企业全年的融资金额合计约 9.2 亿美元，较 2018 年同比增长 24.6%。除拉卡拉在深交所上市外，其余八家均在美国上市。139 家新增上市金融科技企业中，金融壹账通募资金额最高，为 3.12 亿美元。

截至 2020 年上半年，国内共有 118 家金融科技公司在沪深两地 IPO 上市，累计募资近 1400 亿元人民币。除了寻求在内地交易所上市的金融科技企业外，另有多家金融科技企业成功在美国、香港地区交易所上市。

（四）金融科技细分领域蓬勃发展

1. 全球范围的重点金融科技细分领域

根据福布斯公布的 2020 金融科技 50 强名单，个人财富管理、支付、保险成为全球金融科技创新企业的热点聚集地，总数占 50 强企业的近 60%。（参见图 3、图 4）

2. 中国的重点金融科技细分领域

移动支付、网络信贷和互联网理财是中国金融科技的三大细分领域，尤其是移动支付交易规模位居全球首位。随着金融科技在各垂直细分领域的深化应用，中国金融科技投融资细分领域也在增多。其中，支付领域投资规模最大，占中国金融科技投资总额近 50%，与中国巨大的移动支付交易市场相匹配。其他重点投资领域还包括互联网贷款、投资与交易系统、财富科技、保险科技、数据与分析、基础设施和企业软件、区块链和加密货币以及融资平台类公司。（参见图 5）

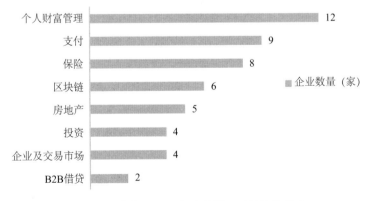

图 3　福布斯 2020 金融科技 50 强行业分布

资料来源：福布斯 2020 年金融科技 50 强名单

单位：百万美元

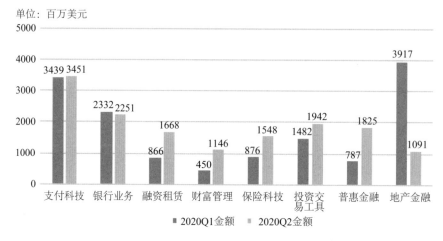

图 4　金融科技细分领域融资金额（2020Q1-2020Q2）

资料来源：CB　Insights

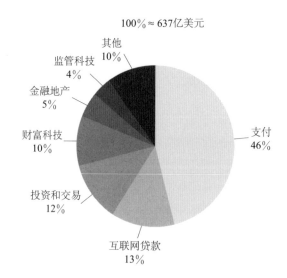

图 5　中国金融科技各细分领域投资占总投资笔数（2015 — 2019 年）

资料来源：Fintech　Global

二、深圳与国内外主要金融科技地区的发展比较

（一）政策比较

1. 顶层设计比较

国家层面的支持在金融科技发展过程中发挥了重要作用。以英国为例，2012 年，英国政府认识到支持科技企业发展对经济复苏的重要促进作用，投入 5000 万英镑支持伦敦科技城计划。在此基础上，英国政府于 2013 年推出 "Tech Nation" 计划，以伦敦科技城为中心，构建辐射全英的科技企业网络，为全国科技企业提供政策推广、技术交流、行业咨询及数据资源共享等服务。

相比较而言，深圳在《粤港澳大湾区发展规划纲要》和《中共中央 国务院关于支持深圳建设中国特色社会主义先行示范区的意见》的 "双区" 国家战略支撑下，在综合改革试点的赋能下，深圳金融科技产业已经具备了进行顶层设计的政策优势。但与此同时，由于深圳缺乏类似于海南自由贸易港的顶层立法权限，也缺乏行之有效的顶层推动模式，导致深圳在重大创新举措的推动上难以形成政策合力，影响了金融创新发展的效率，对重大工程在深圳的落地产生了一定的制约作用。因此，深圳在发展金融科技的过程中，需要用好用足顶层政策，充分挖掘顶层政策的内涵，强化 "双区" 建设的战略意义，强有力推动顶层设计的落地实施。

2. 产业规划比较

金融科技产业的合理规划，可以指明一段时间内金融科技的发展方向、发展目标、发展重点、资源配置等内容，是金融科技高质量发展的重要保障。

当前，北京、杭州、上海等地已出台金融科技相关发展规划，并在促进金融科技行业发展过程中发挥了重要作用。2018 年 11 月，北京市出台了《北京市促进金融科技发展规划（2018 年—2022 年）》，在金融要素集聚、扶持金融科技企业发展、完善金融基础设施等方面做出了规

划和指引。2019 年 5 月，杭州市发布了《杭州国际金融科技中心建设专项规划》，提出了布局"一核、两轴、四路、多点"。2020 年 1 月，上海发布《加快推进上海金融科技中心建设实施方案》，提出将上海建设成为具有全球竞争力的金融科技中心的目标。从北京、杭州等地金融科技规划的效果来看，相关规划的推行可以有效推动金融科技政策支持、项目落地、科研进展和要素积聚。

2022 年 1 月，深圳在《深圳市金融业高质量发展"十四五"规划》中明确提出打造全球金融科技中心、创新资本形成中心、可持续金融中心和国际财富管理中心，下一步还需要进一步明确打造路径，如何在产品开发、企业培育、推广应用等方面打造高地，如何利用有限的空间资源，进行更加合理的空间规划，如何对各区的金融科技发展规划进行有效统筹和协调等。

3. 专项支持政策比较

金融科技扶持、指导政策的出台，在扩大金融业规模、加速前沿技术应用、提高交易效率、促进监管体系建设等方面都起到了积极的效果。例如，纽约市创新创业优惠政策众多，包括了税费抵扣、租金减免、能源补贴等一系列政策，并且针对个别产业还有专门的优惠政策。特别是对于科技创新型企业而言，纽约市提供了一套覆盖全生命周期的创新激励体系。

在中国金融科技的发展中，深圳的金融科技扶持政策出台最早、影响深远。深圳福田区于 2017 年 3 月发布金融科技专项政策。2020 年 8 月，深圳联合中央各驻深监管机构制定了《深圳市贯彻落实〈关于金融支持粤港澳大湾区建设的意见〉行动方案》，其中涉及大量金融科技相关内容，包括研究制定出台金融科技专项扶持政策，开展金融科技节主题活动，开展金融科技创新监管试点，积极参与、支持、协调人民银行数字货币各个场景应用在深试点等。2021 年 1 月，深圳发布《深圳市数字经济产业创新发展实施方案（2021—2023 年）》。

尽管深圳在金融科技支持政策的制定上已经走在全国前列，但与纽约、伦敦、香港、新加坡等地区相比，无论是财税政策、投融资政策还是产业政策支持力度，都存在一定差距，必须在机构落地、创新创业、物理空间、人才等方面加大引导力度，打造最具国际竞争力的政策环境。

（二）发展生态比较

1. 金融生态比较

从国内外主要金融科技城市的发展经验来看，优质的金融生态是金融科技发展的前提条件。全球金融科技中心通常也是全球领先的金融中心。尤其是对于纽约而言，得益于其全球最发达的金融市场、高度集聚的金融机构和国际组织、最具多样化的金融产品体系、世界级的金融基础设施和全球一流的金融人才基础，纽约在发展金融科技方面具有其他地区无可比拟的优势。

相比较而言，尽管深圳已经成为中国内地仅次于北京、上海的第三大金融中心，在第 29 期"全球金融中心指数报告"（GFCI 29）的全球金融中心最新排名中位列全球第八名，拥有中国最具活力的资本市场和国内领先的私募股权市场，金融支柱地位已经基本形成，但无论是国家级金融基础设施、金融国际化程度，还是总部机构规模、人才集聚程度，都与北京、上海存在差距，与纽约、伦敦相比更是差距明显。因此，深圳要想在全球金融科技排名上更进一步，必须打造更具国际竞争力的金融生态，为金融科技产业的发展提供更加优质的金融土壤。

2. 科技生态比较

在科技生态方面，深圳具备发展金融科技的市场基础，产业链较为完善，应用场景丰富，受众基数大，科技型企业密集，已经形成了国内领先的金融科技发展生态。全社会研发投入超千亿，PCT 国际专利申请量连续 17 年位居中国城市首位。以华为、腾讯、大疆为代表的深圳科技巨头，在人工智能、机器学习、云计算等领域的核心技术成熟，有能力建立庞大的客户群体和服务网络，进而对整个产业链产生显著的带动作用。

但在基础研究方面，深圳与全球基础研究的标杆硅谷仍然存在一定差距，必须加大科技研发，以科技突破推动金融科技产业发展。从产业链视角来看，当前深圳在操作系统、办公软件、固件等领域的企业还较为有限，特别是在相关生态的构建上，与北京还有一定差距。深圳当前正处于信息技术创业产业发展的起步阶段，急需加快信创产业在深圳落地步伐，在基础设施、物理空间、政策支持、制度保证等方面进行提升。

3. 创新生态比较

世界各地区都在争相构建促进金融科技发展的创新生态体系。

第一是创新生态营造。伦敦科技城为营造良好的创新生态系统做出诸多努力，从政策、平台、资金等方面为科技企业提供全方位支持。伦敦金融体系完整、成熟且高效，可以及时为各类机构开展科技创新活动提供启动资金。深圳可以借鉴伦敦等城市在此方面的经验，推动体制机制改革，优化创新生态，提升资源集聚、要素耦合和功能涌现的体系能力。

第二是孵化与加速平台建设。从英国、美国等国家以及北京等城市金融科技发展的现状可以看出，相关孵化器、加速器、楼宇、平台的建设发挥了重要作用，为金融科技发展提供保障。例如，英国创新中心于2014年10月启动并发布"创新项目计划"；英国央行英格兰银行行于2016年6月成立金融科技加速器。旧金山湾区设有诸多孵化器，构成有活力的创新生态系统；纽约市与BIM合作打造了"数字纽约"（Digital. NYC）创业平台等等。因此，深圳应当加快谋划建设金融科技地标性建筑，引入相关金融科技实验室、孵化器、加速器等，扶持信创产业及攻关基地发展，在物理空间方面构建专业的信创孵化器基地。

第三是风险资本集聚。从纽约湾区的发展来看，风险投资机构的集聚为金融科技的发展提供了资金层面的支撑。类似地，北京金融科技的发展也离不开其丰富的投融资资源。近年来，随着金融科技规模的快速扩张，北京已经成为金融科技投融资最为集中的地区之一。深圳作为全国重要影响力的风投、创投中心城市，拥有国内一流的创新资本生态。下一步深圳要继续发挥自身优势，大力建设国际风投创投中心和国际财富管理中心，巩固提升创新资本形成优势和资源优化配置功能，构建全面高效的创新创业金融服务体系。

第四是金融科技载体建设。目前，深圳金融科技载体方面已有推进，在福田区建设了"湾区国际金融科技城"。然而，湾区国际金融科技城的发展与北京金融科技与专业服务创新示范区仍有差距。2018 年 5月，北京金融科技与专业服务创新示范区启动建设，成为全国第一个金融科技示范区，同时也被定位为国家级金融科技示范区。因此，北京金融科技与专业服务创新示范区比湾区国际金融科技城级别更高、范围更大、影响力更强，并且政策配合程度较高，试点开展程度较深入，这些都是深圳在金融科技载体建设上需要提升的地方。

（三）企业比较

大型金融机构总部在金融科技发展中起到了需求引领的作用，特别是银行、证券、保险等相关机构的发展对金融科技产生了巨大的需求。伦敦最显著的特征就是金融机构总部聚集，超过 500 家银行聚集于此，其中，外资银行 251 家。同时，大多数英国银行都有一个部门专注于金融科技加速器（或孵化器）来培育创新项目。

从纽约湾区的发展来看，产业巨头和研发型企业大量集聚促进了金融科技的发展。在纽约设立了区域总部和研发机构的公司中，不乏Google、Facebook 等实力雄厚、影响广泛的国际大型科技公司，也存在辉瑞等全球生物医药巨头，这对于纽约科技创新的生态塑造产生了重要的正向影响。同时，纽约湾区广泛的高校分布和强劲的科研实力，也带动了大量研发密集型企业在湾区内聚集。

从北京金融科技的发展经验来看，金融科技项目的推进和金融机构的集聚，发挥了重要的作用。目前，北京大型金融机构纷纷在京设立金融科技子公司，科技独角兽企业的数量在全球排名第二。京东、百度、小米等在京互联网巨头企业，也纷纷在金融科技方面重点布局，有力推动了金融科技各细分领域的发展。

相比较而言，深圳尽管拥有华为、腾讯等科技型企业和中国平安、招商银行等金融企业，为金融科技的发展奠定了良好的企业基础。但无论是 A 股上市的金融机构，港交所上市的金融机构，还是金融科技类总部机构，深圳与北京、上海还存在差距。除此以外，与中国其他城市相比，深圳金融科技独角兽企业尽管表现出强劲的发展势头，但数量上也少于北京。

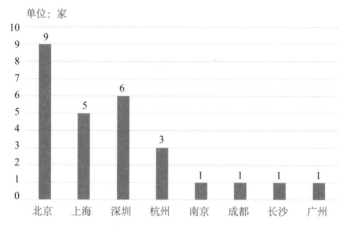

单位：家

图 6　中国金融科技独角兽企业分布

资料来源：湾区国际金融科技实验室

（四）基础设施比较

相比于金融机构和金融科技机构总部规模与国内外主要金融科技城市的差距，深圳在金融科技基础设施方面的差距相对较小。在深圳落地并发展的深圳金融科技研究院、深圳未来金融监管科技研究院、国家金融科技测评中心、百行征信、中信网安等一批金融科技重要机构，是深圳发展金融科技的重要优势。深圳拥有深交所等重要基础设施，其在深圳金融科技发展过程中发挥了重要的作用。深交所还通过其下属单位深圳证券通信有限公司，运用区块链技术进行存证等相关服务。下一步，深圳既需要进一步发挥金融科技基础设施的功能，也需要积极争取其他金融科技项目和平台在深圳落地。

（五）人才比较

金融科技认证与培训方面，深圳走在全国前列。2019 年 3 月，深圳推出"深港澳金融科技师（SHMFTPP）"专才计划，相比于上海交通大学上海高级金融学院和上海高金金融研究院推出的特许全球金融科技师（CGFT）、中国银行业协会等机构推出的中国银行业金融科技师（CFT），深港澳金融科技师推出时间更早、知识体系更完整，且具有面向港澳的合作与推广优势。在金融科技人才的培养方面，深圳现已有多家培养金融科技人才的专业机构，如微众银行与深圳大学合作，成立了深圳大学微众银行金融科技学院，并开设金融科技专业。

然而，深圳金融科技人才的供给还远远不能满足需求。在学科发展上，为促进深圳电子信息等技术产业的发展，深圳高校对于科技相关学科有所侧重，对金融、财会等相关行业的侧重有所不足，导致了深圳高校对金融科技人才的供给相对不足。

在教育和研究资源方面，深圳较纽约湾区、旧金山湾区、伦敦、北京等还有一定差距。与深圳相比，主要金融科技地区通常拥有丰富的高校资源、研究机构和培训机构，易于在金融科技研究方面处于领先地位，为金融科技的发展提供了强有力的智力支持。与此同时，金融创新实验室也为金融与科技的融合贡献了重要力量。纽约湾区是世界上最先探索和建设科技金融生态系统的区域，坐落着全球知名的金融创新实验室，为推动湾区的金融创新发挥了巨大的作用。因此，深圳应当更加注重金融智库等载体在金融创新中的作用，对金融智库给予更大的政策支持。

在人才规模方面，当前金融科技人才培训体系有待提升，培训规模较为不足。在培训发起主体方面，政府所能发挥的作用较为有限，更多的需要金融机构、科技企业等市场主体通过市场化的运营方式，加快金融科技人才的培养进程。在培训内容方面，领军人才需要的更多的是理论研究与金融实践的结合，而更多的金融科技人才需要实务操作和专业技能，这也是当前金融科技培训所需要进一步弥补的领域。

在人才奖励方面，为吸引人才来深圳发展，深圳出台了一系列鼓励和奖励金融人才的政策。然而，除福田区出台的对于通过深港澳金融科技师二级考试的人才奖励政策，针对金融科技人才的其他奖励办法较少。

在产学研合作模式方面，美国作为全球产学研协同创新的发源地，高校与业界一直以来就存在合作共赢的传统，而不仅仅只是两大孤立的创新主体，高校科研往往具备较强的产业导向性。深圳有必要借鉴纽约的模式，创造性地开展高校与企业的合作。

三、深圳发展金融科技产业的路径

（一）探索重大金融科技制度创新

首先，深圳需要注重金融科技产业的顶层设计和顶层推动，实现重大制度创新，探索在深圳开展前瞻性金融科技创新，推动金融科技相关的重大基础设施的落地。其次，有必要通过顶层立法和特区立法的形式，实现深圳在供应链金融、数字金融、知识产权证券化等领域的法治化发展。最后，有必要探索金融与科技融合发展的顶层监管思路，重点处理好金融监管与稳定、创新的关系，坚持通过创新性的思考、创新性的制度、创新性的实施路径来解决创新中出现的问题，坚持用审慎的眼光看待金融科技产品的实施价值，坚持用前沿的监管手段化解金融科技创新的潜在风险。

（二）大力发展数字金融

以企业数字化转型为主线，加快推进数字产业化和产业数字化，打造数字经济创新发展试验区。以数字城市建设为目标，结合深圳产业发展基础，加快数字赋能产业步伐，着力构建以智能制造、数字金融、数字物流、数字医疗、数字消费等为重点的数字经济产业体系。

值得一提的是，当前数据要素资源80%都掌握在政府手中，所以探索在深圳扩大政务数据的开放范围、厘清数据流转模式，对于优化数据要素资源配置具有重要的作用。一方面，可以逐步探索政务数据的开放；另一方面，可以探索政务数据的合法合规流转，从而为数字金融的发展创造基础条件。

（三）加大科技监管应用

深圳在监管科技、司法科技等方面已经走在全国前列，未来可以通过监管沙盒的实施发掘和培育一批优秀的金融科技项目和企业，降低技术的应用门槛和推广成本，促进深圳金融体系的数字化基础设施升级以及金融科技产业的核心竞争力。同时，通过探索监管沙盒跨境合作，对接国际金融科技监管体系，开展双边或多边监管沙盒标准的互认，加入全球金融创新网络。

（四）打造深圳金融科技的城市名片

金融科技的相关论坛与峰会，是展示一个城市的金融科技发展程度、前沿技术和制度、相关的场景与应用等最为重要的平台之一。目前，国内外知名的金融科技论坛、峰会包括在美国举办的"朗迪峰会"、在北京举办的"中国金融科技大会"和"中关村金融科技论坛年会"、在上海举办的"外滩大会"、在杭州举办的"中国·杭州金融科技峰会"等。深圳可以进一步提升"中国（深圳）金融科技全球峰会"的全球影响力，并探索举办层次更高、范围更广的全球金融科技峰会。

同时，在新加坡、香港地区金融科技发展的过程中，"金融科技节""金融科技周"等活动发挥了重要的作用，起到了良好的效果。深圳当前已举办了"金融科技人才节"等活动，但在展会宣传、推广等方面还有待进一步提高，需要通过相关活动，进一步打造深圳金融科技的城市名片。

根据林居正等发表于《特区实践与理论》2022年第1期的同名论文整理。

关于顶层立法推动中国特色社会主义先行示范区建设的探讨

摘要：深圳自 1980 年正式成立经济特区以来，在各个方面都取得了举世瞩目的伟大成就，创造了世界工业化、城市化、现代化史上的罕见奇迹。其中，不断探索构建科学完善的法律体系，是深圳取得跨越式发展的基本经验和重要保障。自 1992 年被正式授予"特区立法权"以来，深圳经济特区先后通过 500 余项法规及有关法规问题的决定，有力推动了深圳在不同发展时期经济社会发展和同期进行的重大改革，同时也为国家立法提供了"深圳经验"。深圳发展的历史，也是中国特色社会主义法律体系在深圳实践的历史。面对当下更高起点、更高层次、更高目标的中国特色社会主义先行示范区（以下简称"先行示范区"）建设的使命担当，更应当强调法律"先行示范"的重要性，既保证"凡属重大改革都要于法有据"，又通过法治力量推动改革深入，为改革开放保驾护航。这不仅需要用足用好深圳已有的特区立法权，还应当积极争取全国人大或全国人大常委会授权国务院就先行示范区制定专门的法律，从顶层立法层面上赋予深圳更新的改革开放再出发的措施和法治权限。

一、先行示范区积极争取中央顶层立法的必要性

（一）有利于提升先行示范区重大事项的改革效率

在深圳建设全球标杆城市的过程中，涉及大量需要中央各部委全

力支持和配合的改革事项。以中央事权高度集中的金融业为例，在当前金融改革开放进入深水区的关键时刻，必须实现深圳金融由点向面的发展，由过去的金融规模扩张转向金融广度和深度的扩张，而这些都离不开中央顶层立法的支持。只有通过全国人大或全国人大常委会授权国务院进行先行示范区立法的方式，才能以法律形式保持先行示范区建设整体制度更加定型和稳定，促使中央各部委和地方政府之间形成改革合力，提升先行示范的话语权和决策权，不断推动先行示范区与国际市场接轨以及重大改革开放创新和重大工程的落地。依靠特区立法的形式，较难完成涉及中央事权方面的改革项目，较难提升"清单式"批量改革政策实施的效率。

（二）有利于提升先行示范区法律位阶和立法效能

当前，中央赋予深圳经济特区的立法职能包括：对于需要制定经济特区法规的，在遵循宪法和法律、行政法规基本原则的前提下，立足改革创新实践需要，授权深圳特区对法律、行政法规、地方性法规做出变通规定；对于需要暂调整适用或者暂时停止适用国家法律、行政法规规定的，报请司法部统一协调后，按法定程序提请全国人大、国务院作出决定；对于需要在国家事权范围内制定单项法规的，依法提请全国人大常委会授权。但从以上的立法程序来看，在国家政策层面具有重大战略地位的先行示范区建设缺乏直接的顶层立法支撑，不利于在重大事项创新突破上实现权责对等。

（三）海南自由贸易港法为先行示范区法的制定提供参照

2020 年 4 月 17 日，十三届全国人大常委会第十七次会议表决通过了全国人大常委会关于授权国务院在中国（海南）自由贸易试验区暂时调整适用有关法律规定的决定。2021 年 6 月 10 日，十三届全国人大常委会第二十九次会议表决通过了《中华人民共和国海南自由贸易港法》（以下简称《海南自由贸易港法》）。这是在国家层面上为一个地区立法，力度超过之前的特区和新区，是中国对外开放的"升级版"，充分彰显中央进一步改革开放和支持经济全球化、破解改革深水区难题的坚定决心。当然，此前的香港和澳门两个特别行政区曾享受过这种待遇。与此同时，6 月 10 日的会议还表决通过了《关于授权上海市人民代表大会及其常务委员会制定浦东新区法规的决定》。该决定规定，授权上海市人民代表大会及其常务委员会根据浦东改革创新实践需要，遵循宪法规定以及法律和行政基本规则，制定浦东新区法规，在浦东新区实施。

《海南自由贸易港法》和浦东新区法规的通过，充分体现了中央层面进行顶层立法的重要性以及中央顶层立法与经济特区法规相辅相成的重要性。作为承载"先行示范"使命的深圳，应当充分把握中央赋予先行示范区的制度优势，寻求更高层次法律支持的突破。

二、顶层立法推动先行示范区建设的探讨

（一）关于法律位阶的思考

从贯彻国家重大战略的角度来看，《深圳先行示范区法》（参考《海南自由贸易港法》的名称，本文暂以《深圳先行示范区法》名称展开探讨）应当具有较高的法律位阶和一定的适用独立性。从法律位阶而言，《深圳先行示范区法》的立法层级应当高于特区立法、地方性法规和地方政府规章，在更高的法律制度层面为深圳建设先行示范区提供原则性、基础性的法治保障。从适用独立性而言，《深圳先行示范区法》应当首先立足于深圳先行示范区的法律制度构建，在突出深圳先行示范区特殊立法的基础上，保持与现行国家基本法律的有效协调与衔接，秉承先行先试、大胆创新的改革思维，全力打造深圳先行示范区的法治样本和标杆，进一步丰富和完善中国特色社会主义法治体系。

（二）明确重点突破的领域

1.高质量创新驱动发展。全面总结深圳特区发展的经验启示，立

足当前深圳建设先行示范区所面临的现实约束，特别是在城市发展空间受限、地方行政决策权等方面，通过先行示范区立法进一步突破各类约束，激发深圳特区高质量发展的动力和活力。深化供给侧结构性改革，实施创新驱动发展战略，建设现代化经济体系，加快形成全面深化改革开放新格局，助推粤港澳大湾区建设，在构建高质量发展的体制机制上走在全国前列。

2. 全方位扩大对外开放。先行示范区实行更加积极主动的开放战略，全面对接国际高标准市场规则体系，实施更大范围、更宽领域、更深层次的全面开放。实现贸易、投资、人员、资金、货物、数据跨境流动自由。在先行示范区更多领域允许外资控股或独资经营，全面取消外资准入负面清单之外的限制。健全外商投资准入前国民待遇加负面清单管理制度，推动规则、规制、管理、标准等制度型开放。全面实施外商投资法及其实施条例，促进内外资企业公平竞争，建立健全外资企业投诉工作机制，保护外资合法权益。创新对外投资方式，提升对外投资质量。推进国际产能合作，积极开展第三方市场合作。

3. 深化金融改革。力争在深化金融监管体制改革、构建统一的金融市场、实现金融基础设施互联互通、跨境金融监管协作和应对、金融破产法律制度完善、系统性和区域性金融防范和化解等方面取得突破性进展。大力发展供应链金融、普惠金融、绿色金融、离岸金融、跨境金融等。探索构建先行示范区期货、保险、外汇、票据、衍生品等更多金融交易场所，丰富金融产品类型。建立先行示范区统一的证券金融监管机构，强化功能监管，防范系统性金融风险。完善地方金融监管体制机制，防范区域性金融风险。

4. 要素市场化配置。在先行示范区范围内，充分发挥市场配置资源的决定性作用，保障不同市场主体平等获取生产要素，推动要素配置依据市场规则、市场价格、市场竞争实现效益最大化和效率最优化。破除阻碍要素在先行示范区范围内自由流动的体制机制障碍，扩大要素市场化配置范围，健全要素市场体系，推进要素市场制度建设，实现要素价格市场决定、流动自主有序、配置高效公平。

5. 财税制度改革。探索在先行示范区实施更加优惠的税收政策。优化中央与先行示范区地方之间的财税收入分配机制，逐步建立与先行示范区相适应的税收制度。税收管理部门按实质经济活动所在地和价值创造地原则对纳税行为进行评估和预警，制定简明易行的实质经营地、所在地居住判定标准，强化对偷漏税风险的识别，防范税基侵蚀和利润转移。积极参与国际税收征管合作，加强涉税情报信息共享。加强税务领域信用分类服务和管理，依法依规对违法失信企业和个人采取相应措施。

6. 法治化营商环境。根据深圳建设先行示范区改革创新需要，在遵循宪法和国家基本法律前提下，勇于探索和尝试法律制度体系的创新，在深圳特区特定区域或范围内大胆吸收和引进有利于深圳建设先行示范区的制度养分和法治基因，精准对标全球先进国家、地区的先进法律制度。着力完善反洗钱、反恐融资的各种法律和制度规定，积极推进反洗钱和反恐融资的国际合作。加强反垄断法和反不正当竞争法的执行与落实。建立健全数字货币与移动支付相关法律制度。全面提升法治建设水平，用法治规范政府和市场边界，营造稳定公平透明、可预期的国际一流法治化营商环境。

7. 司法体制改革。以先行示范区为司法体制改革样本，探索完善金融商事审判，建立先行示范区金融法院和金融检察院，增强金融审判工作能力和金融犯罪打击力度。在国家统一的司法体系内，探索建立先行示范区专门司法机构集约化、专业化处理相关纠纷。大力引进国际商事仲裁机构，实现与国家商事仲裁机构规则的接轨。设立第三方纠纷调解中心，在纠纷非讼解决方式方面先行先试，建立公平、公正和高效的具有先行示范区特色的纠纷解决机制。完善互联网金融市场基础法律制度，健全互联网金融司法规则。抓住新《中华人民共和国证券法》实施的机遇，创新中国特色证券诉讼新机制，保护投资者利益，严厉打击证券市场违法违规行为。

8. 文化软实力提升。进一步弘扬开放多元、兼容并蓄的城市文化和敢闯敢试、敢为人先、埋头苦干的特区精神，大力弘扬粤港澳大湾区人文精神，把社会主义核心价值观融入社会发展各方面，加快建设区域文化中心城市和彰显国家文化软实力的现代文明之城。构建高水平的公共文化服务体系和现代文化产业体系，成为新时代举旗帜、聚民心、育新人、兴文化、展形象的引领者。

9. 城市管理和民生事业建设。综合应用大数据、云计算、人工智能等技术，提高社会治理智能化专业化水平。在教育体制改革方面先行先试，充分落实高等学校办学自主权，加快创建一流大学和一流学科。加快构建国际一流的整合型优质医疗服务体系和以促进健康为导向的创新型医保制度。构建优质均衡的公共服务体系，建成全覆盖可持续的社会保障体系，实现幼有善育、学有优教、劳有厚得、病有良医、老有颐养、住有宜居、弱有众扶。

10. 生态文明建设。探索实施生态系统服务价值核算制度，健全环境公益诉讼制度。深化自然资源管理制度改革，创新高度城市化地区耕地和永久基本农田保护利用模式。牢固树立和践行"绿水青山就是金山银山"的理念，打造安全高效的生产空间、舒适宜居的生活空间、碧水蓝天的生态空间，在美丽湾区建设中走在前列，为落实联合国 2030 年可持续发展议程提供中国经验。

11. 引领区域协同发展。借助粤港澳大湾区发展的重要历史机遇，先行示范区应当积极融入大湾区发展的潮流之中，更好地服务国家发展大局，丰富"一国两制"事业，促进港澳长期繁荣稳定，并发挥区域国际创新中心和经济发展引擎的核心作用。

（三）对应的立法保障机制

1. 中央层级的指导机构

为了及时研究并解决先行示范区建设事业推进过程中遇到的各项问题，并获得更多的政策支持和制度保障，可积极争取由中央层面领导亲自谋划部署先行示范区的顶层法律制度建设，在中央层面成立深圳建设先行示范区专职议事协调机构，明确人员组成和内设机构，负责先行示范区建设各项工作的统筹推进、决策执行、综合协调和监督检查等。

2. 由全国人大牵头组建先行示范区立法实施机构

全国人大牵头推进先行示范区的立法实施工作，既充分体现中央在立法工作中的权威性，又对特区立法过程中涉及的根本性问题进行规制。在立法权限方面，由全国人大授权先行示范区所在地方人大，根据改革创新和发展的实际需要进行立法调整。同时，就《深圳先行示范区法》实施过程中出现的新情况新问题，及时向党中央、全国人大和国务院报告。

3. 注重协调立法过程中，中央和地方层面的关系

对于中央和地方立法权限的划分，应当以其相辅相成又相互制约因素为切入点，解决目前立法条文和立法实践中存在的问题，理清中国中央和地方立法权限划分的思路和路径。先行示范区在法治建设过程中也应遵循上述原则，一方面要充分发挥顶层立法在统筹协调和重要事项改革上的核心作用；另一方面，针对区域合作过程中可能涉及的具体问题，要在宪法及顶层立法的框架下，充分发挥规制区域协同发展事务的主观能动性，加强立法决策先行性、实验性、创新性制度研究论证，推动立法体制机制升级，及时形成立法需求清单，实现原立法体制质的提升和突破。

根据作者 2021 年 6 月发表于凤凰网的同名文章整理。

关于支持深圳政府性融资担保公司可持续经营 更好发挥服务实体经济功能的建议

摘要：中小微企业的融资难、融资贵问题一直是制约深圳市民营经济发展的核心问题。中小微企业由于信用等级普遍较低，通常需要相应的担保机构实现融资增信。在此过程中，以深圳高新投和深圳担保集团为代表的政府性融资担保公司发挥着重要作用。2022 年，为助力企业纾困，深圳高新投和深圳担保集团积极响应政府号召，将担保费率降低至超常规的 0.6%，由此也导致政府性融资担保公司面临担保业务持续亏损和来自上级主管部门对公司经营业绩考核的双重压力，亟需深圳市委、市政府给予相关支持，保持政府性融资担保公司的可持续经营，更好发挥其服务实体经济的功能。

一、深圳政府性融资担保公司的作用

（一）有效缓解中小微企业融资难困境

政府性融资担保公司通过对小微企业提供信用增信和风险分担，能有效发挥担保资金的杠杆作用，缓解中小微企业融资难问题，更好体现金融普惠性原则，实现金融资源更高效配置。根据相关统计，深圳高新投集团与深圳担保集团累计为超 8.9 万家企业提供超 1.6 万亿元担保服务，担保资金新增产值超 2.7 万亿元，新增利税超 4100 亿元，促进新增就业超过 1700 万人，相继扶持超 640 家企业"由小到大"并在境内外公开挂牌上市。同时，两家担保机构创新推出"07 深中小债""信新贷""战疫复工贷""信新链贷""英鹏贷""政采贷"等金融产品，为中小微企业全生命周期融资提供支持，更为受疫情冲击严重的企业解燃眉之急。未来，深圳各担保集团的全年担保降费让利预计过亿。

（二）积极促进中小微企业成长壮大

政府性融资担保公司在缓解中小微企业融资难问题的同时，能够为企业初创期、成长期到成熟期的全生命周期提供投融资增值服务。以深圳高新投集团为例，高新投在国内首创并实施"投保联动"服务，开创了中国"债权＋股权"投融资新模式。通过"投保联动"特色投融资模式，高新投先后投资了大族激光、欧菲科技、英诺激光、中简科技、深科达、东江环保、科陆电子、科信技术、科思科技、爱克股份、迅捷兴等一批优秀上市企业，相继扶持超过 340 家企业在境内外公开挂牌上市。其中，高新投通过对路维光电 20 年累计近两亿元的金融服务支持，成功助力企业实现了中国掩膜版领域的重大突破，并于 2022 年 8 月在科创板挂牌上市。

（三）实现科技金融产品和模式创新

深圳政府性融资担保公司积极推动科技金融产品和模式创新，是金融高质量发展的重要推动者和实践者。以知识产权证券化领域为例，2019 年 12 月，深圳高新投在深交所顺利发行"平安证券－高新投知识产权 1 号资产支持专项计划"，实现了深圳知识产权证券化"从零到壹"的历史性突破。2020 年，深圳高新投不断丰富知识产权证券化的"深圳模式"，至今已发行合计规模近 17 亿元的八期知识产权证券化产品。以银担合作机制创新为例，自 2000 年起，深圳担保集团开创性地与所有合作银行采用"一票否决、三项担保、六月代偿、八二分担"的风险共担合作模式，其中分担比例为全国率先、深圳唯一，从而有效提升了银行深度参与各类项目的意愿，为开展银担合作提供了良好范例。

（四）助力企业纾困

深圳高新投集团、深圳担保集团作为深圳"四个千亿"计划具体执行机构，高效运作平稳发展基金，为民营企业提供发债担保，以担保增信的方式放大财政资金效能，有效助力企业走出流动性困境。在两家担保公司的支持下，民企新增发债 1000 亿元快速落地。以深圳高新投为例，截至 2021 年底，深圳高新投已累计服务企业 460 家企业发行民企债券，共发行债券 201.49 亿元，完成审批在途债券 68.4 亿元。为落实深圳民企平稳发展基金，深圳高新投累计评审决策 209 家民营企业的融资需求，审批金额 284 亿元，助力近 50 家上市民营企业走出困境。同时，高新投 2020 年全年抗疫专项金融产品审批金额超过 60 亿元，惠及全市超过 650 家企业，帮助企业复工复产。

（五）推动社会信用体系建设

政府性融资担保公司是推动社会信用体系建设的重要力量。以深圳担保集团为例，从 2003 年起，深圳担保集团开展了"中小企业诚信榜"活动，不收费对诚信中小企业进行授信，免抵押、免质押、免留置予以担保，填补了担保机构为中小企业授信的空白。"诚信榜"已成功举办七届，共推出了超过 1000 家"诚信中小企业"，总授信额度高达 360 亿元，至今未出现过风险坏帐，"中小企业诚信榜"授信额度得到深圳各大银行高度认可。"诚信榜"加强了企业信用信息的归集，当选 2020 年"全国企业诚信建设十佳案例"。

二、深圳政府性融资担保公司面临的主要问题和挑战

（一）经营可持续问题日益突出

2022 年，为降低小微企业融资担保成本，深圳政府性融资担保公司按照相关部门要求，采取大力度降费让利举措，将融资担保费率下降至 0.6%，

并至少持续至年底。据初步计算，政府性融资担保公司实现盈亏平衡的担保费率约为 1.5%，因此，0.6% 的让利举措对政府性融资担保公司持续经营造成较大挑战，而当前对降费奖补的财政支持政策尚未完善，持续降费让利将使担保公司面临长时间较大的经营压力。若一旦出现重大代偿风险，融资担保业务可能出现资本金亏损，影响政策性担保体系的长期稳定发展。

（二）政策性与市场化职能尚未明确

政府性融资担保公司承担缓解中小微企业融资难融资贵的政策功能，积极落实政府关于助力中小微企业发展的政策，是普惠金融体系的一部分。与此同时，政府性融资担保公司作为地方国有企业，需要参照深圳国资委绩效考核体系，完成相应的盈利和纳税考核目标。在当前大幅降费让利的政策倡导下，政策性融资担保公司的盈利能力出现不同程度下滑，在完成绩效考核指标方面面临较大挑战。当前，关于对政府性融资担保公司的绩效考核尚未区分市场化盈利和政策性让利，较难体现政府性融资担保公司的双重职能。

（三）扩大业务经营范围和跨区域展业面临挑战

政府性融资担保公司现有核心业务为传统的融资担保业务，政策性功能明显，但盈利空间和可持续增长能力有限，而新兴业务尚不足以对公司利润增长形成强有力支撑。因此，政府性融资担保公司亟需扩大业务范围，积极开拓创新业务，开展多元化经营模式，在投保联动、保证担保、知识产权证券化等新兴业务模式上寻求突破。尽管地方金融业务在大湾区范围内具有广泛需求，但由于深圳的政府性融资担保公司的部分地方金融业务面临跨区展业受限的问题，难以在广东省其他地区开展，限制了业务水平与规模的提升。

（四）市级配套政策不完善

目前，中央财政部已出台相关支持性奖补政策（《财政部 工业和信息化部关于继续实施小微企业融资担保业务降费奖补政策的通知》《财政部关于下达 2022 年中小企业发展专项资金预算（小微企业融资担保降费奖补方向）的通知》），能够有效缓解政府性融资担保公司在大幅降费让利下的经营压力。然而，深圳尚未出台相关地方性支持配套政策，央地联动的政策激励效应尚未显现。

三、深圳政府性融资担保公司的发展建议

基于深圳政府性融资担保公司的发展困境，建议对政府性融资担保公司的降费让利部分给予相应的财政支持，明确政府性融资担保公司的市场与政策职能，优化公司绩效考核机制，并支持政府性融资担保公司在做大做强主营业务的同时，进一步拓展业务类型和业务范围，丰富利润增长点。具体而言，有四点建议：

第一，充分关注当前政府性融资担保公司在开展担保业务过程中面临的持续亏损问题，制定相应的财政分摊机制，对政策让利导致的业务亏损部分给予适当的财政补贴。

第二，优化当前深圳国资委对于政府性融资担保公司的绩效考核标准，针对政策性让利导致的利润下降进行单独列支、单独考核，从而更好区分政府性融资担保公司的市场化盈利能力和政策功能。

第三，深圳相关部门积极和中央监管机构沟通，保持并扩大政府性融资担保公司进行异地展业的范围。同时，积极向广东省金融局争取在全省范围内开展地方金融业务。

第四，深圳相关部门尽快出台小微企业融资担保业务降费奖补的配套政策，给予政府性融资担保公司更大的政策支持。

2022 年 9 月

关于深圳引进国际
三大评级机构的建议

摘要：不断探索与国际主流规则接轨，既是应对经济金融大变局的战略举措，又是助力深圳提升国际影响力、集聚企业创新资源的重要方式。其中，评级规则作为国际金融规则的组成部分，是国家顶层设计要求和深圳实际发展所需的重点规则，而国际评级机构又是构建国际评级规则体系的重大基础设施。在国际三大评级机构加快在中国布局的大背景下，必须加大政策支持力度，积极争取在深圳引进国际三大评级机构，率先在深圳打造国际化的评级市场，倒逼国内评级机构构建具有国际公信力的评级体系，逐步提升在国际评级市场的话语权。

一、在深圳引进国际三大评级机构的必要性

（一）引进国际三大评级机构的战略意义

1. 构建"双循环"新发展格局的重要抓手

引进国际三大评级机构，有利于促进内循环与外循环良性互动。一方面，通过与国际评级规则接轨，有利于将深圳打造成为连通外循环的重要桥梁。在此基础上，通过进一步在深圳打造国际化的债券市场，有利于依托深圳本土大循环，打造全球资本集聚的高地。

2. 符合先行、创新、开放的城市特质

先行、创新、开放是深圳四十多年发展过程中形成的基本特质。先行示范意味着深圳需要在国际规则对接等方面率先探索可行的路径，从根本上解决中国债券评级市场的诸多乱象；创新是深圳城市发展的不竭动力，而债券评级市场的建设既是金融创新的重要举措，又是金融服务支持深圳科技创新的关键环节；深圳是对外开放的前沿阵地，面对对外开放的新形势、新目标、新特征，需要探索引进国际评级规则等更具开拓性和创新性的对外开放模式，不断提高"引进来"的吸引力和"走出去"的竞争力。

（二）引进国际三大评级机构的重要作用

第一，评级机构属于金融市场的重要基础设施。通过引进国际三大评级机构，有利于补齐深圳在金融基础设施领域的短板，提升集聚企业和金融资源的能力。

第二，评级制度属于深圳在国际化建设过程中亟需与国际规则接轨的重要制度。通过引进国际三大评级机构，有利于提升深圳金融国际化水平，增强在国际金融事务中的影响力和话语权。

第三，国际评级规则有利于促进深圳形成更加规范化和多元化的债券市场。一方面，国际评级规则有利于对不同风险级别的债券品种进行更加合理的定价，进而帮助投资者树立更加理性的风险防范意识；另一方面，国际评级规则有利于对高风险债券进行更加前瞻性地预警，降低债券爆雷对于金融市场稳定的负面影响。

（三）引进国际三大评级机构的市场诉求

目前，境内外机构对于构建具有国际公信力的统一债券评级市场具有强烈诉求。一方面，为境内外证券公司、基金公司、资产管理公司等机构进行债券承销和债券投资提供更加科学的评级参照；另一方面，为

全球极度宽松的流动性资金进入本土债券市场提供重要决策参考，助力国际资本"引进来"。

（四）引进国际三大评级机构的客观要求

目前无论是中资评级公司、中外合资评级公司还是境外独资评级公司，均无法很好地帮助境内企业取得符合国际标准的评级，进而难以满足在深圳打造国际化债券市场的要求。

第一，中资评级公司的评级缺乏国际公信力，较难反映各类企业债券的真实违约概率，由此导致境内企业评级同质化，优质企业难以通过债券评级获得有区分度的融资优势。第二，中外合资评级公司基本沿用国内传统的评级方法，无法真正实现与国际评级标准接轨。第三，境外独资评级公司缺乏境内评级资源和政府支持，较难快速形成市场规模，进而难以产生足够的影响力。

因此，只有通过国际三大评级机构的引进，建立符合国际标准的评级体系，并在政策的支持下快速打开评级市场，才能为深圳企业降低融资成本，拓宽融资渠道，为国内外投资者提供有公信力和区分度的投资参考。

二、在深圳引进国际三大评级机构的可行性

（一）引进国际三大评级机构具有坚实的政策基础

近些年来，债券市场的开放一直被当作金融开放的重要内容。2019年7月20日，国务院金融稳定发展委员会发布11条金融对外开放措施，进一步提出对境外信用评级机构开放银行间和交易所债券市场所有债券评级；2020年3月30日，《中共中央　国务院关于构建更加完善的要素市场化配置体制机制的意见》明确提出加快发展债券市场，加强债券市场评级机构统一准入管理，规范信用评级行业发展；2021年3月28日，央行会同发改委、财政部、银保监会和证监会起草了《关于促进债

券市场信用评级行业高质量健康发展的通知（征求意见稿）》，提出稳妥推进信用评级行业对外开放，推动符合条件的境外信用评级机构在中国债券市场开展业务。由此可见，在深圳引进境外评级机构符合顶层设计的要求，具有坚实的政策基础。

（二）引进国际三大评级机构具有广泛的合作基础

在中国评级开放的大背景下，国际三大评级机构均加快在中国布局，2019 年 1 月 28 日，中国人民银行营业管理部发布公告，对美国标普全球公司在北京设立的全资子公司——标普信用评级（中国）有限公司予以备案。同日，中国银行间市场交易商协会亦公告接受标普信用评级（中国）有限公司进入银行间债券市场开展债券评级业务的注册。2019 年 5 月 14 日，中国人民银行营业管理部发布公告，对美国惠誉评级公司在中国境内设立的独资公司——惠誉博华信用评级有限公司予以备案。同日，中国银行间市场交易商协会发布公告，接受惠誉博华信用评级有限公司进入银行间债券市场开展部分债券品种评级业务的注册。这标志着惠誉评级公司成为继标普全球公司之后第二家获准进入中国市场的外资信用评级机构。

作为尚未以国际评级机构身份取得国内信用评级牌照的穆迪公司，目前通过参股中诚信国际在国内展开评级业务。穆迪子公司穆迪分析与深圳已经建立了广泛的合作基础，未来穆迪公司与深圳在债券评级市场的进一步合作意愿强烈，是深圳可以积极争取落地的国际评级机构之一。

三、在深圳引进国际三大评级机构的挑战

（一）国际评级机构在境内开展业务面临牌照问题

尽管目前国际评级机构在境内设立独资或合资子公司符合中央政策规定，但在实际评级业务的开展过程中，仍然需要获得不同监管机构发

放的业务牌照。在业务牌照的申请过程中，既可能面临牌照申请的周期问题，不利于在银行间市场和交易所市场全面、快速开展评级业务，同时也可能面临监管机构的窗口指导问题，例如国际评级机构在已参股国内评级公司的情况下，能否再设立一家控股评级公司并取得业务开展的牌照。

（二）国际评级机构在深圳落地面临其他城市的激烈竞争

国际评级机构属于推动金融基础设施建设的重要资源，在评级市场对外开放的大背景下，各大城市均加大力度抢占国际评级的市场高地。在标普公司和惠誉公司已经纷纷在国内布局的情况下，深圳需要加快引进国际三大评级的步伐，加快制定更具吸引力的支持政策，加快创造更加优质的营商环境和金融生态圈，充分发挥在先行先试方面的政策优势，在吸引国际三大评级机构等国际重要组织落户深圳方面占得先机。

（三）国际三大评级机构在境内的市场拓展亟需探索政策支持的新模式

过去经验表明，单纯依靠国际三大评级机构的评级技术和公信力不足以在短时间内建立符合国际标准的评级市场，必须加大政策支持力度，创新政策支持模式，让政府与机构在市场拓展方面形成合力，一方面使评级机构能够在前期可能亏损的情况下仍然有能力和动力进行评级推广，另一方面促使被评级企业加快转变评级观念，更加认可和采用全新的国际评级体系。

四、引进与运营模式的关键问题

（一）股权结构设计

为了整合国际评级机构在评级技术、评级资源和公信力等方面的国际优势，以及深圳国有企业在统筹和协调资源等方面的本土优势，建议前期采用以国际评级机构控股、深圳国有企业等多家单位参股的股权结构，之后可考虑引入战略投资者实现进一步增资扩股。

（二）运营模式设计

为了提升评级的独立性、客观性，充分发挥国际评级机构的管理优势，建议由国际评级机构主导运营，构建符合国际惯例和国际标准的评级公司运营模式。在运营前期，国际评级机构需要通过制定高效的企业运营方案，快速提升与国际标准对接的债券评级规模。在运营稳定期，需要致力于形成可观的企业效益和社会效益，推动本土评级市场做大做强。

（三）债券评级产品与规则

第一，探索对深交所上市债券试点国际评级规则，提升深交所债券市场的国际化程度，同时探索在债券信息披露方面与国际主流规则接轨，方便国际评级机构获得评级所需的基础性信息。第二，为发展深圳银行间债券市场创造基础条件。在债券清算、托管等债券基础设施建设方面积极争取中央政策支持，鼓励银行间债券产品在深圳进行统一清算、托管和交易，推动银行间债券市场在深圳的发展。第三，探索深圳与香港的国际评级结果互认。

五、引进国际三大评级机构的建议

第一，深圳市委、市政府积极和中央监管机构沟通，积极争取国际三大评级机构在深圳落地并获得开展各类债券评级业务的牌照。

第二，将国际三大评级机构纳入深圳总部机构的认定，按照总部机构落户深圳的政策，在企业落户、土地租金、个人所得税等方面给予全方位的支持。

第三，对在深圳注册并获得一定水平的国际评级（如 Baa3 级以上）

的企业，给予发债费用补贴，提升企业取得国际标准评级和发债的意愿。

第四，充分利用深圳经济特区的政策优势和立法权，积极争取将国际三大评级机构的引进及其配套制度的国际化接轨尽快纳入综合改革授权试点范围，在跨境资金流动、信息披露、违法惩戒机制等方面率先引入国际标准。

第五，对于国际三大评级机构的引进等重大项目，建议采用一企一策，有针对性地制定区域内最具吸引力的相关配套政策，更好地契合国际三大评级机构的发展要求。

2023 年 4 月

第四篇

广东区域协调与创新发展

关于强力打造广东融资租赁发展高地推动"工业立省、制造业当家"的建议

摘要：从国际经验看，融资租赁是仅次于银行信贷的第二大融资方式，在支持实体产业、服务中小企业、促进产业升级、优化资源配置等方面发挥着不可替代的作用。然而，中国融资租赁的市场渗透率仅为6.5%左右，远低于欧美等发达国家20%～30%的市场渗透率，说明国内融资租赁业还存在巨大的发展空间。广东作为中国的制造业第一大省，具备发展融资租赁业的巨大需求。但相比于天津、上海等地，广东发展融资租赁并不具备先发优势，需要加大统筹力度，围绕产业链和龙头企业新设和培育多家金融租赁公司；充分发挥先行示范的政策优势和毗邻香港的区位优势，通过体制机制创新和跨境金融创新，形成融资租赁"弯道超车"的突破口。

一、广东融资租赁业的基本情况

广东是全国融资租赁重要集聚地之一，但长期以来，广东对融资租赁业的政策支持力度相对有限，区域内各城市的发展缺乏统筹协调，导致广东的企业数量优势并未转化成业务规模优势，尤其是处于"金字塔尖"的飞机、船舶租赁，与天津、上海等城市存在巨大差距。

当下，广东正以"工业立省、制造业当家"为发展战略，着力打造

多个产业集群，推动建设更具国际竞争力的现代化产业体系。从全球发展历程看，凡是制造业有过"大转型"的地区，融资租赁行业都得到了充分的发展，说明融资租赁可以成为支持广东产业转型升级的又一重要金融力量。与此同时，在中央扩大高水平对外开放的总体方针下，广东作为高度开放的地区，能够通过融资租赁对接国际市场，促进对外贸易，与全球产业链供应链深度融合。可以说，融资租赁作为广东金融业的一项重要增量业务，将强有力推动"再造一个广东"宏伟目标的实现。

二、广东融资租赁业存在的问题

（一）战略性、全局性布局相对不足

发展融资租赁是一项战略工程和系统工程，但目前由于全省缺乏关于融资租赁的统筹规划和明确分工，各地依然存在各自为政、同质化竞争、重复建设等问题，对资源共享、要素跨区域流动产生了阻碍。同时，广东发展融资租赁更多的是模仿天津、上海的模式，缺乏战略性、全局性布局，以及更宽领域、更深层次、更高水平的改革开放与创新。

（二）广东融资租赁规模相对落后于天津、上海

天津、上海在融资租赁领域已经形成规模效应和品牌效应。截至2022年末，天津市租赁业总资产余额（含金租）突破两万亿元，占全国的比重约30%，飞机、国际航运船舶、海空平台租赁和处置业务规模已占全国总量的80%以上；上海融资租赁资产规模（含金租）达到2.9万亿元，占全国的比重约40%，其中债权融资余额（含金租）近4000亿元，约占全国融资租赁行业（含金租）债权融资总额的50%。相比较而言，截至2022年末，广州、深圳融资租赁资产总额（含金租）分别约为3000亿元和5000亿元，两地合计资产总额（含金租）仅为上海的28%和天津的40%。

（三）广东融资租赁企业多而不强

广东的融资租赁企业具有明显的数量优势，截至 2023 年第一季度，全省融资租赁企业为 3341 家，占全国 35.2%，居全国首位。其中，深圳市融资租赁企业 1955 家，高于上海的 1829 家和天津的 1711 家，居内地各大城市第一位。然而，广东融资租赁企业存在多而不强的问题，无论是龙头企业数量，还是金融租赁企业数量，都明显低于天津、上海。从金融租赁企业数量来看，广东仅有六家，远低于天津的 12 家和上海的十家。截至 2022 年 9 月底，在以注册资金为序的全国融资租赁企业 50 强排行榜中，广东有 15 家，同样低于上海的 23 家和天津的 20 家，与广东作为中国经济第一大省、制造业第一大省、外贸第一大省以及航空航运枢纽的地位不相匹配。

（四）跨部门协同机制有待健全

融资租赁业务的开展需要多部门的配合和专业化的人才队伍。天津东疆在金融服务促进局基础上，单独设置融资租赁促进局专司行业规划发展，高效联动海关、海事、外汇、税务、市监、商务等部门，为租赁企业提供优质高效的公共服务，而广东尚未形成类似协同机制，在融资租赁的人员配备和服务能力上也存在明显差距。

三、广东大力发展融资租赁的相关建议

（一）统筹全省融资租赁产业布局强力推动政策实施

首先，在省级层面统筹制定全省的融资租赁发展规划，尤其是对于飞机、船舶等对禀赋资源要求高、资金需求量大、涉及产业链复杂的融资租赁方式，更加应当集中市场需求、金融资源和专业力量，在国际竞争中强化效率优先的基本理念，以此形成对国内外领先地区的赶超。

其次，支持广东融资租赁机构在全省范围乃至港澳地区进行跨区域

展业，以此适应国内构建统一大市场的基本要求。推动产业资金、人才等要素在广东各地区自由流动。加快实现全省审批政务的集约化办理，大幅提升企业落户和业务开展的便利性。

最后，将统筹规划与发挥地方首创精神相结合，注重发展梯度，让广州、深圳等有条件的地区先行一步，充分发挥引领和辐射示范作用，加快制定支持融资租赁发展的相关政策，强力推动政策落地实施。支持各地区根据自身产业特征，在飞机船舶租赁、装备制造、能源电力、医疗器械等重点领域实现均衡发展和差异化发展，在货运航空、LNG 船舶、智能家居、新能源汽车等细分领域形成发展特色。

（二）新设和培育多家金融租赁公司形成企业雁阵格局

积极向中央有关部委争取，由制造业龙头企业以及本地金融机构发起新设八至十家金融租赁公司，或推动现有融资租赁公司发展转型为金融租赁公司，在所处的产业链中发挥引领作用。各市区县应当集中优势资源，全力打造本地区的政策性融资租赁公司，为解决当地中小企业融资难融资贵问题提供新的融资模式。加快建立融资租赁企业的白名单制度，积极向中央有关部门争取，参照金融租赁公司，给予纳入白名单的融资租赁公司同等政策待遇，进而推动形成龙头企业与中小企业共同繁荣的企业雁阵格局。

（三）针对难点堵点问题进行高层次的体制机制创新

广东作为示范地、引领地，需要充分关注天津、上海等地仍然存在的难点堵点问题，在现有体制机制上有所创新突破，尤其是在法规层面、税收层面、跨境支付结算等方面，探索打造融资租赁高质量发展的"广东模式"。

一方面，争取在广东各市区划定更多综合保税区，享受优惠的关税政策。借鉴海南的发展模式，探索将广州、深圳、珠海等条件相对成熟的地区全域纳入综合保税区范围试点。

另一方面，在规则和制度型开放方面率先破局，争取使用全球相对更优和更具竞争力的税收体系，尤其是在明确飞机跨关区流转环节免征流转税、中资船舶登记报关进口减免关税和进口增值税、以优惠税率征收企业所得税、加大出口退税和地方财政税收返还力度等方面进行突破。

（四）促进融资租赁业与其他金融业态的有机结合

一是充分利用大湾区的资本市场优势，鼓励融资租赁企业通过境内外股票市场、债券市场、科技成果与知识产权交易中心、资产跨境转让等方式募集资金。

二是大力发展融资租赁的资产证券化业务，推动有关资产证券化产品挂牌上市。融资租赁涉及资金量大，且租金是一类相对稳定的收入形式，适合通过资产证券化的方式，有效分散风险，同时降低企业参与融资租赁的门槛，使融资租金的发展红利惠及更多中小企业。

三是在省级层面成立大湾区融资租赁发展基金，各地区可以根据实际需要配套设立专项基金，并大力吸引私募基金、风投创投等社会资本进行跟投，着力将广东打造成为中国最大的融资租赁母基金和S基金市场。

（五）联合香港打造以人民币计价为主的全球租赁市场

用好香港这一国际化平台，通过债权、股权等方式引入跨境资金参与广东融资租赁市场，打造粤港金融合作新亮点。利用香港目前针对飞机、船舶租赁业特殊的税务优惠政策，打造粤港联动保税业务模式，创新税务租赁结构，提高综合保税区的吸引力。

在前海、横琴等区域试点的基础上，推动广东更多区域纳入外币计价结算、直接收取和支付外币租金的范畴。在大湾区内，探索在融资租赁的发展过程中，优先使用人民币而非美元进行计价、收取和支付租金，有序推动中国境外资产向大湾区回流。

根据作者2023年8月发表于凤凰网的同名文章整理。

关于以区域融合发展新模式
打造共同富裕广东样板的建议

　　摘要：全体人民共同富裕是中国式现代化的本质特征，而区域融合发展又是实现共同富裕的必经之路。近十年来，广东在区域协调发展推动全省共同富裕方面取得了显著成绩。为了巩固发展成果，进一步解决各地市间发展不平衡不充分的问题，有必要在现有对口扶贫、转移支付、飞地模式的基础上，推动广州、深圳等龙头城市与七至八个经济总量相对落后的城市开展区域合作，采用"一锅做饭、利益共享，政策复制、注入活力"合作新模式，在经济欠发达地区打造多个新型跨区域利益共同体合作示范区。依托发达地区的辐射带动、政策复制作用，为欠发达地区创造产业增量和就业岗位，实现民生福祉的提升和经济的可持续健康发展。通过探索在合作区内以产业互补、做大增量和利益共享为抓手，采用统一的、复制更优的制度体系，建立统筹协调机制以及符合市场化规则的利益分配机制，进而打造区域融合发展进而实现共同富裕的"广东样板"，并向全国复制推广共同富裕的"广东经验"。

一、广东区域协调发展的现状

　　目前，广东正在不遗余力地带动和推进粤东、粤西、粤北地区更好承接珠三角地区的产业有序转移，并出台《关于推动产业有序转移促进区域协调发展的若干措施》。但由于珠三角地区的资源禀赋和营商环境优势，形成了明显的马太效应，导致各地区间发展不平衡不充分问题依然突出。

最近十年，虽然广东各地市人均 GDP 的差距逐渐缩小，各地市人均 GDP 变异系数[1] 也由 2013 年的 0.64 下降至 2022 年的 0.55。以广东 GDP 最高的深圳与最低的云浮两地为例，深圳人均 GDP 与云浮的差距由 2013 年的 4.92 倍缩小至 2022 年的 3.77 倍；但从经济总量来看，广东各地市的发展差距呈现扩大的趋势，各地市 GDP 变异系数从 2013 年的 1.34 上升至 2022 年的 1.47。深圳 2022 年的 GDP 总量为云浮的 27.9 倍，高于 2013 年的 25.5 倍。相比较而言，作为共同富裕示范区的浙江，GDP 最高的杭州与最低的丽水 GDP 总量差异仅为十倍。

由此可见，通过转移支付、对口帮扶等方式能够在缩小地区间人均差距方面发挥较大作用，但却无法从根本上解决欠发达地区发展动能不足的问题。在推动共同富裕的过程中，必须立足于中国仍处于并将长期处于社会主义初级阶段这一最大国情，不能做超越阶段的事情，尤其是在经济增长面临较大压力的环境下，更应当通过高质量发展，切切实实提高全体人民的收入水平，稳定居民长期收入预期，以消费需求的提升促进投资需求的提升，进而形成经济的良性循环。

为了实现该目标，必须以构建区域融合发展新模式为抓手，在遵循效率优先的原则下，既要因地制宜让有条件的地区先行一步，发挥发达地区的辐射示范作用；又要注重率先在全省范围进行政策的复制与推广，推动欠发达地区享有发达地区同等力度的政策支持。

1　变异系数用于衡量各地市经济指标的差异化程度，变异系数越高，说明各地市间经济指标差异越大，发展不均衡问题越突出。

表 4　近十年广东各地市经济发展水平差异变化

年份	2013	2014	2015	2016	2017	2018	2019	2020	2021	2022
深圳GDP/云浮GDP	25.50	26.00	26.50	27.30	28.90	29.50	28.60	26.90	26.90	27.90
各地市GDP变异系数	1.34	1.34	1.36	1.37	1.38	1.39	1.41	1.42	1.41	1.47
深圳人均GDP/云浮人均GDP	4.92	4.78	4.60	4.46	4.46	4.32	4.03	3.69	3.64	3.77
各地市人均GDP变异系数	0.64	0.62	0.62	0.60	0.61	0.59	0.58	0.56	0.54	0.55

数据来源：根据公开资料整理

二、广东区域协调发展的主要问题

（一）跨区域合作面临行政和制度割裂问题

尽管广东是中国市场化程度最高的区域之一，但还远没有达到构建统一大市场的要求。跨区域机构设立、资源要素流动等依然存在一定的行政壁垒，不同地市的服务效率、审批效率、税收优惠程度等营商环境也存在显著差距，导致发达地区的经济主体在欠发达地区进行展业、投资时可能面临障碍或缺乏动力。

（二）跨区域合作面临利益分配和决策分歧问题

客观而言，由于广东发达地区和欠发达地区的经济结构、产业结构、人口结构等存在重大差异，导致不同地区对于合作区的重点产业布局可能存在分歧。主观而言，由于合作区经济增加值和税收增加值没有形成利益共享机制，合作共建城市之间实际上存在竞争关系，因而出于本位主义和地方保护主义等原因，导致合作区建设效率普遍偏低，绝大部分合作区形同虚设。

（三）跨区域合作面临产业竞争和争夺存量资源的问题

在科技强国、创新驱动的总体战略下，广东各地市纷纷将科技产业和未来产业作为发展重点，导致不同地区在核心产业布局上可能存在重叠。在市场空间和龙头企业相对稀缺的情况下，各地政府都在通过优惠政策不遗余力地进行招商引资，而跨区域产业合作有可能加剧产业竞争和本地资源向外地分流。

（四）跨区域合作面临财政转移支付不可持续的问题

过去发达地区主要以对口帮扶和转移支付的方式向欠发达地区提供支援。该方式相对直接有效，但却无法为欠发达地区带来长期稳定的经济增量和财税来源。同时，在较为严峻的经济形势下，发达地区承担的发展任务重大，同样面临巨大的财政支出压力，从而对转移支付的持续性提出了挑战。

三、广东打造区域协调发展新模式的实施路径

（一）积极争取顶层政策支持

构建区域融合发展新模式的核心之一在于发达地区向欠发达地区复制推广相对更优的政策和制度，从而使欠发达地区加快形成适合产业发展和企业展业的优质营商环境。目前，广东已经拥有南沙、前海、横琴等多个国家级试验区，涵盖大量创新性举措和政策。部分政策的复制推广涉及中央事权，需要得到中央和有关部委的大力支持。因此，在总结深汕合作区经验的基础上，有必要积极向中央争取，支持在广东的发达地区和欠发达地区之间建立多个新型合作区，允许广州、深圳、珠海相对成熟的试点政策直接在新型合作区应用，解决企业在跨区域展业过程中面临的水土不服问题，最大限度地提升产业合作的效率。可以充分发挥广东作为示范地、引领地的作用，并作为"再造一个广东"新的经济

增长点和重要抓手，在该模式运行成熟后，将相关经验复制推广至跨省合作，释放新一轮的改革开放政策红利。

（二）统筹推动新型功能区建设

新型功能区建设是区域融合发展的关键抓手，既能加快补齐欠发达地区产业结构相对滞后、生产效率相对偏低的短板，也是解决发达地区通常面临的产业空间不足问题的重要途经。由于新型功能区建设涉及的行政突破力度大，较难通过各地市自发的合作快速产生成效，因此，建议由广东省委、省政府统筹，根据广东各地市 GDP 排名，由广州、深圳各自合作带动三四个地市，建立七至八个新型功能区，并根据后续经济发展情况进行适度调整。同时，由合作共建城市的主要领导牵头，成立工作小组和协商机制，定期对合作区重点发展的产业类型、重点引进的企业和重点发展的业务等进行决策。

（三）注重增量业务的培育和引进，建立新型利益分配机制

为了使合作区快速产生经济效益，降低对于存量资源的争夺，合作区建议以发展新业态、拓展新业务、扩大再生产为重心。同时，为了改变过去各地区各自为政甚至暗自竞争的格局，有必要在合作区建立"一锅做饭、利益共享，政策复制、注入活力"的新型利益分配合作机制，对在合作区内形成的经济增量和税收进行统一核算，并按事先约定的比例进行分配。对于 GDP 和税收分配方案，由合作城市提出方案报请省委、省政府决定。

（四）打破区域行政壁垒，强调核心要素输出

区域融合发展需要围绕产业链的延链补链强链这一核心任务展开。通过打破区域行政壁垒，为企业的跨区域展业扫清行政障碍，使合作城市的各类要素能够充分便利的流动。尤其是注重发达地区技术、资本、人才要素的输出和共享。可以借鉴深汕合作区等干部使用方式，学习推

广发达地区的行政经验，实现欠发达地区干部素质、市场化水平和行政服务能力的同步提升。

（五）基于市场化原则，提升合作效率和积极性

为了使资源能够更加高效地由低生产效率部门向高生产效率部门转移，应当鼓励企业基于市场化原则而非行政推动在合作区内展业。同时，共同富裕不是倡导平均主义和福利主义，有必要在合作区建立市场化的薪酬机制，认可市场化环境下不同行业的合理收入差距，保障民营企业家、工薪家庭的合法收入，从而激发企业家和员工干事创业的积极性，使民营企业家有动力扩大再生产，创造更多就业机会。

2023 年 10 月

第五篇

大湾区先行引领与辐射示范

深圳先行示范区、海南自贸港创新政策和建设对推动福建高起点规划、高质量发展的几点启示

摘要：林居正提出，《中共中央　国务院关于支持深圳建设中国特色社会主义先行示范区的意见》（以下简称《意见》）和《海南自由贸易港建设总体方案》（以下简称《总体方案》）是高起点规划高质量发展的典范，深圳、海南的发展经验对于明确福建省的总体布局和产业发展方向具有十分重要的意义。林居正特别强调，福建不能过分高看自贸区的优势，而是必须积极争取更高级别的顶层文件和顶层设计。同时，必须提前布局与台湾融合发展，探索海峡两岸经济发展新模式，构建两岸经济发展新格局。2021 年 3 月，习近平在福建考察时就强调，要勇于探索海峡两岸融合发展新路子，为将海峡两岸融合发展提升到国家战略提供了根本遵循。2023 年 9 月，随着《中共中央　国务院关于支持福建探索海峡两岸融合发展新路　建设两岸融合发展示范区的意见》的颁布，意味着海峡两岸融合发展正式成为继粤港澳大湾区、深圳先行示范区、海南自贸港之后又一个国家战略，将为福建和台湾创造新的重大发展机遇。

一、从深圳、海南发展经验的角度丰富福建规划发展模式

深圳的历史经验表明，福建要实现高质量发展，必须抛弃过于安逸

的日子，进一步解放思想，充分学习深圳在改革开放过程中的敢想敢试的"闯"的精神，敢为人先的"创"的劲头，埋头苦干的"干"的作风，加快转变传统发展理念，在体制机制上大胆创新，敢于突破不适应新时代发展要求的条条框框，敢于尝试有利于发挥社会主义市场经济优势的新举措。

海南过去几十年发展事实则表明，区域高质量发展尤其是岛屿经济体的发展，依托于高度开放的政策和体制，而海南独特的区位优势和独特的地理单元使得其成为自由贸易港政策实施的优质载体。福建作为海上丝绸之路的起点，与台湾一衣带水，具有明显的区位优势。因此，可以大胆尝试更大幅度的开放政策，助力一带一路等倡议的实施。

二、从贯彻落实国家战略的角度定位福建发展总体方向

中国（福建）自由贸易试验区是继上海自由贸易试验区之后中国第二批设立的自贸试验区之一，充分体现出党中央对福建的厚爱和支持。2019 年，习近平在全国两会期间参加福建代表团审议时强调，"要营造有利于创新创业创造的良好发展环境。要向改革开放要动力，最大限度释放全社会创新创业创造动能，不断增强中国在世界大变局中的影响力、竞争力"，再次体现出习近平对福建工作的高度重视、对福建人民的亲切关怀、对八闽大地的深厚感情。

2020 年，习近平在深圳经济特区建立 40 周年庆祝大会上发表重要讲话，充分肯定了深圳、厦门等经济特区在建设中国特色社会主义伟大进程中谱写的勇立潮头、开拓进取的壮丽篇章，以及为全国改革开放和社会主义现代化建设做出的重大贡献，也为深圳、厦门等经济特区的未来发展方向提供了根本遵循。习近平将经济特区 40 年改革开放、创新发展积累的宝贵经验集中概括为十条，这对新时代经济特区建设具有重要指导意义。福建要在未来的发展过程中取得新的更大成绩，也必须重点学习借鉴经济特区的历史经验，并在实践中不断丰富和发展。

深圳在创新能力、科技水平、企业效益等方面代表了中国的最高水平，其对产业的发展定位在某种意义上反映了中国乃至全世界未来产业的发展方向，为福建明确重点发展领域提供了重要参考，尤其是现代金融和科技产业，是福建未来必须重点支持和大力发展的产业。

《意见》和《总体方案》是中央颁布的支持深圳、海南发展的重要顶层规划。我们必须对上述文件进行充分解读，进而把握顶层规划的政策内涵和政策保障，加快推动福建省顶层规划的制定和落地实施。

三、确立福建发展新理念，打造福建高质量发展新路径

（一）借中央对福建的厚爱，谋求顶层设计政策支持与突破

《意见》是顶层设计＋"摸着石头过河"的集中体现，赋予了深圳广阔的改革、创新、突破空间，具有极其丰富的新时代内涵，为探索与国际主流规则接轨奠定了政策基础。《总体方案》则是中央在顶层立法层面、贸易层面、税收层面和国际制度接轨层面给予了海南重大政策支持，有利于极大提升海南的国际化程度。

因此，福建要更高层次的发展，不能过分高看自贸区的优势，而是必须积极争取更高级别的顶层文件和顶层设计，结合福建的自身特点和优势，为重点体制机制和领域的先行先试创造有利条件。在此基础上，必须明确顶层发展战略和重点发展领域，注重改革的总体性、系统性和协调性。不必过分高歌"山海经"战略，而是要以更加与时俱进的视野，探索更加现代化的产业和区域发展思路，在扩大金融开放、探索与国际主流规则接轨、加强招商引资和国际经贸合作等方面重点发力。

（二）充分利用传统产业与基础，大力发展重点经济形态

现代城市和区域之间的竞争是金融的竞争、科技的竞争、产业的竞争。福建应当明确未来产业发展定位，聚焦现代产业，探索更具发展潜力、有利于促进新型消费业态的产业发展模式。首先，福建在金融领域

需要重点发展金融科技、可持续金融等现代金融业，在高科技领域重点培育战略性新兴产业和高新技术产业，着力孵化和打造一批具有核心竞争力的企业，促成产业创新与金融发展相互促进的态势。其次，福建可以充分发挥自身海洋资源丰富的优势，大力发展海洋经济，实现特色领域的弯道超车。最后，福建需要进一步巩固传统民营经济、旅游经济等优势，在传统领域挖掘新型消费业态，提升制造业的附加值，在打造绿色福建、人文福建等方面创新发展。

（三）提前布局与台湾融合发展，探索海峡两岸经济发展新模式，构建两岸经济发展新格局

历史经验表明，深圳利用毗邻香港国际金融中心的区位优势，在吸纳香港资本、借鉴香港经验中，加速了自我蝶变。过去40多年，深港合作呈现从点到面、由浅入深的良好态势，未来深圳与香港将进一步在金融、科技、人才等领域探索协同模式，实现两地优势互补和互利共赢。

由此可见，必须坚决贯彻习近平新的发展理念，探索海峡两岸合作的新模式，构建海峡两岸合作的新格局，尤其是利用台湾在金融开放与高科技等方面的优势，助力福建产业转型升级。一方面，在传统领域降低对于海峡经济的思维惯性和依赖性，增强福建经济自身的韧性与活力；另一方面，充分借鉴台湾在芯片等领域的技术优势以及台湾资金成本低和市场开放程度高的优势，探索与台湾在高科技领域、金融领域的合作，加快福建的企业通过债券国际化实现"走出去"的步伐。同时，充分利用福建是著名侨乡的优势，加强与广东、香港和国际先进地区的合作，扩大招商引资的范围，大力促进国际贸易，增强自身的核心竞争力。

（四）加强基础设施建设，融入粤港澳、长三角国家战略

《粤港澳大湾区发展规划纲要》提出将构建现代化的综合交通运输体系作为重点发展领域，包括提升珠三角港口群国际竞争力、建设世界

级机场群、畅通对外综合运输通道、构筑大湾区快速交通网络、提升客货运输服务水平等。

相比较而言，福建的交通运输体系明显落后于广东等中国发达地区。尤其是在全国大力发展高铁的背景下，福建高铁等基础设施的建设速度相对缓慢，严重制约了福建资金、人才等要素的流动以及与长三角、珠三角的联系。因此，必须加大高铁等基础设施的投入力度，打造三小时经济圈，融入"泛珠"和长三角经济圈，为各类要素的集聚创造基本条件，达到融台湾、倚浙赣、通两圈。

（五）加强人才高地建设

人才是经济和产业发展的基石。福建可以大力借鉴北京、上海、深圳等在人才政策方面的经验，通过政策激励手段，大力吸引福建籍院士、专家、学子来福建发展，充分发挥高素质人才、复合型人才在高端金融、高新技术产业、科技监管等方面的专长，打造福建人才高地。

根据作者 2020 年 11 月在福建省委党校中青班上的报告整理。

海峡两岸融合发展示范区有望比肩粤港澳大湾区

摘要：2023 年 6 月 17 日，第十五届海峡论坛大会在福建厦门举行，中共中央政治局常委、全国政协主席王沪宁出席，宣读习近平贺信并宣布，中共中央、国务院制定了《关于支持福建探索海峡两岸融合发展新路 建设两岸融合发展示范区的意见》。该文件于 2023 年 9 月 12 日正式发布。至此，海峡两岸融合发展正式提升为国家战略。林居正提出，相比于两三年前，谋划海峡两岸融合发展具有更强的时代必要性和迫切性，必须以建设两岸融合发展示范区为契机，将顶层设计与顶层推动相结合。同时，福建与台湾在经济体量、科技实力、区位优势等方面也具备了比肩粤港澳大湾区的基础，尤其是闽台融合与深港合作具有诸多相似性，既需要参考借鉴深港合作的可复制和推广经验，更需要针对目前深港合作依然存在的难点堵点问题，把两岸融合发展示范区建设成重大体制机制大破大立的核心创新型承载区，推动构建内外联通的统一大市场。

一、提前谋划海峡两岸融合发展具有时代的必要性和历史的迫切性

从历史进程看，1997 年香港回归后，主要强调"一国两制""港人治港、高度自治"的发展思路，但却未对香港与内地的融合发展进行充分

的谋划。在此背景下，香港虽然延续了其制度的稳定性和国际化优势，但与内地也存在各自为政、产业协同不足等问题。在深圳大力发展高新技术产业的阶段，香港仍然过度依赖传统产业和服务业，未能充分把握产业转型的机会，导致经济增长的动力不足，经济增速明显弱于北京、上海、深圳等内地城市。为了进一步彰显香港在新时代下的地位作用，保持香港长期繁荣稳定，必须加快香港与内地融合发展进程，巩固香港可持续发展的产业根基。正因为如此，在二十大报告中，相比于京津冀、长三角和雄安新区建设，推进粤港澳大湾区建设不仅要将促进区域协调发展作为重点目标，还需要支持香港、澳门更好融入国家发展大局。

中国台湾与中国香港类似，同样是亚洲"四小龙"之一，但其经济增速同样明显落后于临近的福建省和其他临海省份。由此可见，尽管台湾对大陆长期保持大额贸易顺差，就如同内地对香港全方位的物质支持一样，但都难以从根本上改变台湾、香港腹地偏小、内生增长动力不足的问题。因此，在两岸统一已成大势所趋的背景下，国家需要提前谋划海峡两岸融合发展问题，既坚持"一国两制"方针不动摇，又要通过两岸融合发展，使台湾在充分享受大陆发展红利的同时融入国家发展大局，避免走香港回归后产业转型缓慢的老路和弯路。也只有解决两岸统一后的发展问题，才能体现中国制度的优越性和中国经济的强大韧性，更好地促进台湾民心凝聚。

二、海峡两岸融合发展示范区具备比肩粤港澳大湾区的优势条件

（一）两岸融合发展具有重要的战略意义

粤港澳大湾区是中国改革开放的重要窗口，未来致力于成为新发展格局的战略支点、高质量发展的示范地、中国式现代化的引领地。福建与台湾无论是从经济体量、产业结构、科技水平还是开放程度看，都与

粤港澳大湾区具有相似的特征，必须在推动中国科技突破、实现安全和国际化发展上发挥更加重要的关键作用。

同时，福建与台湾也需要承担起跨境体制机制融合和创新的重大使命，从而进一步丰富"一国两制"实践，有效促进内外双循环良性互动。

（二）福建与台湾具备相当规模的经济体量

从经济总量来看，2022 年福建与台湾 GDP 总和约为 10.4 万亿元，而 2022 年粤港澳大湾区 GDP 总量约为 13 万亿元，可见闽台 GDP 总量已达到粤港澳大湾区的 80%。其中福建 GDP 约 5.3 万亿元，同比增长 4.7%，增速位居全国第一。

从大型企业数量来看，2022 年，福建和台湾分别拥有五家和九家世界 500 强企业，而深圳和香港分别拥有十家和七家世界 500 强企业。可见，闽台的世界 500 强企业总数已达到深港总数的八成。其中，福建宁德时代的动力电池系统使用量连续六年排名全球第一，是新能源细分领域的全球龙头。

（三）福建与台湾具备高质量发展的基本特征

与粤港澳大湾区高科技和先进制造的产业特征相比，闽台的高质量发展特征同样明显。2022 年，福建工业增加值总量跃升至全国第六位，百亿工业企业达 58 家，千亿产业集群达 21 个；现代纺织服装产业最先突破万亿级；服务业增加值占 GDP 比重达 47%，国家级服务型制造示范企业居全国第三；金融存贷款余额双双突破七万亿元，境内上市公司达 170 家、居全国第七位；国家 A 级物流企业数居全国第五位。

台湾半导体领域拥有鸿海精密、台积电、联发科等行业巨头；计算机领域拥有华硕、宏基、仁宝、广达等世界级企业；精密仪器产业已走在了世界前沿，在器官移植、肿瘤治疗、外科整形等医疗细分领域已达到世界领先水平，在太阳能、光伏、风电等新能源产业领域非常先进，太阳能发电产值和产能位列世界第二。同时，台湾教育资源丰富，有近

150 所大专院校，大学分布在全世界排名前三，为产学研结合奠定了良好的基础。

作为现代服务业代表的金融业，尽管闽台在规模上与深港相比仍然存在巨大差距，但台湾拥有国际化的台湾证券交易所，在保险、期权等细分领域实力雄厚。依托闽台两地的企业优势和技术储备，未来在上市公司培育、金融科技、科技金融等领域的发展空间广阔。

（四）福建与台湾具备显著的区位优势

福建自古以来就是海上丝绸之路的起点，也是"一带一路"的关键节点。随着《区域全面经济伙伴关系协定》（RCEP）的政策红利释放，福建、台湾的对外贸易规模将进一步扩大，与"一带一路"合作伙伴的交流也必然迈向更高层次。同时，福建又是连接长三角和珠三角的重要枢纽，将享受两大经济圈带来的辐射效应。

三、粤港澳大湾区尤其是深港合作为海峡两岸融合发展提供借鉴

（一）积极探索由点向面的集成式创新

深圳与香港在《内地与香港关于建立更紧密经贸关系的安排》（CEPA）的框架下及一系列政策文件的支持下，取得了大量合作成果，两地交通和通关日益便利，人员交流互动日益频繁，跨境交易需求旺盛，金融领域的互联互通已经基本实现全方位覆盖。相比较而言，由于福建与台湾之间相隔台湾海峡，台湾与内地的交通以轮船、飞机为主，连接海峡两岸的高速公路和高铁尚处于规划建设之中。在软联通方面，台湾与大陆除了贸易往来畅通，金融市场互联互通水平仍较低，跨境交易结算的便利化程度也相对不足，是短期内两岸融合发展需要重点完善的领域。

当然，无论是对于深港合作还是海峡两岸融合，都不能局限于点对点的联通，还要进行战略性、全局性、前瞻性的布局，加强集成式的创新，从而提高融合发展的成效。

（二）着力解决融合发展过程中的突出问题

深港合作尽管取得较大进展，但也存在诸多制约因素，这是深港合作和两岸融合都需要着力解决的问题：

第一，缺乏统筹协调机制。无论是深港合作还是海峡两岸融合，都需要建立起与顶层设计相适应的顶层推动模式，包括为重大体制体制创新提供法律保障，为重大政策举措的实施建立高级别的协商机制等。

第二，存在重大制度差异。"一国两制"是深港和海峡两岸融合发展的最大制度优势，但其中的制度差异也极大地增加了两地融合发展的复杂性，集中体现为货币体系、税收体系、法律体系、监管架构的差异以及经济自由度、市场开放度、营商便利度、社会福利水平的差异等。

第三，利益分配机制尚未厘清。在深港合作区的建设中，深港两地对于如何衡量在合作区的税收贡献，如何对合作区的空间规划进行决策等都存在一定的分歧，进而导致合作区建设难以快速推进。毫无疑问，这也将成为海峡两岸融合发展过程中面临的主要挑战。因此，如何设计一套相对完备的利益分配机制，成为影响两岸融合发展效能的关键。

四、打造两岸融合发展示范区的重点路径

（一）积极争取顶层推动

为了加快顶层设计的落地实施，有必要参照改革开放初期《广东省经济特区条例》以及当下《中华人民共和国海南自由贸易港法》的经验，积极争取由全国人大或全国人大常委会授权国务院，就海峡两岸融合发展制定专门的法律，为金融市场全面互联互通、跨境要素的自由流动和

国际制度规则对接提供原则性、基础性的法治保障。同时，积极向中央争取在深改委下设立专门的指导机构，进行两岸融合发展的顶层统筹。在此领导下，推动设立由中央部委和海峡两岸组成的高层级议事机构，并赋予地方政府在开展重大创新上更大的决策权和机动余地。

（二）倡导"一区一园"的融合发展新模式

建议在现有"一区两园"、飞地模式的基础上，探索更高层次的"一区一园、一锅做饭"新模式，真正体现融合发展的理念。即在坚持中国共产党的领导下，在"一国两制"框架下，统筹规划两岸融合发展示范区，采用统一的、国际最优越（相对最优惠）的税制制度、人才制度、知识产权保护制度，将两岸融合发展示范区作为推动闽台两地机制充分对接、要素充分互动、机构互设充分便利的重要承载区。

（三）倡导利益共享的市场化合作新理念

在利益共享原则下，既需要秉承合作共赢的理念，满足闽台两地的基本发展诉求，又要注重长远利益，推动可持续性的合作。其中的关键在于将增量业务而非存量业务作为两岸融合发展示范区大力引进的重点，鼓励闽台乃至全球的优质成熟企业在两岸融合发展示范区投资扩大再生产和拓展业务，既避免本地企业核心业务分流，又使两岸融合发展示范区快速产生经济效益。

在市场化原则下，闽台两地企业可以综合考虑项目成本、收益和风险等市场化要素，基于自身的规模、竞争能力、业务布局和合作意愿，自主选择合作企业，而非通过行政手段要求两地企业开展有违市场化原则的合作。

（四）将产业合作作为两岸融合发展的核心

为了进一步提升海峡两岸经济合作效率，必须探索更高水平的产业合作，尤其是进一步激发两地在科技、金融、新能源、海洋经济等领域的合作诉求，并以内地广阔市场以及长三角、珠三角的产业集群为依托，共同打造现代产业体系，为两地经济增长创造新的动力。

在科技领域，可以重点探索将台湾在半导体、计算机、医疗等领域的优势与福建制造业优势相结合，围绕龙头企业着力孵化和打造一批具有核心竞争力的上下游企业，实现延链补链强链，打造科技创新和应用高地。共同开展新能源发电和新能源电池等领域的技术研发，率先在全球形成技术壁垒，打造世界级的新能源产业集群。

在金融领域，可以重点发展金融科技、融资租赁等现代金融业，促成产业创新与金融发展相互促进的态势。一方面，依托闽台对飞机、船舶、装备制造融资租赁的巨大需求，在两岸融合发展示范区内出台对融资租赁企业的支持政策，针对融资租赁企业和人才采用优惠税收政策，鼓励银行、保险、基金等各类金融机构加大对融资租赁企业支持力度，支持融资租赁企业通过资本市场、境外市场、资产证券化、资产跨境转让等方式募集资金和开展业务，进而推动在福州、泉州、宁德、台北等地形成多个融资租赁集聚区。另一方面，大力发展科技金融，积极争取创设国家级科技金融试验区，加快设立科技金融产业基金，开展知识产权金融产品创新和知识产权证券化业务模式创新，大力发展投保贷一体化的运营模式。

除此以外，闽台两地还可以充分发挥海洋资源丰富的优势，大力发展海洋经济，实现特色领域的弯道超车。

（五）加快国际化发展步伐

1. 注重资本的"引进来"与"走出去"

由于台湾资金成本较低，市场高度开放和发达，具有与香港类似的国际化优势，可以台湾为平台，加快国际资本的"引进来"。同时，用好台湾的金融市场，推动福建企业在台湾证券交易所上市和发行债券，推动福建企业实现"走出去"融资。

2. 探索在闽台全面推动人民币国际化

在美元霸权已经成为关乎中国经济金融安全的大环境下，闽台两地义不容辞地需要承担起推动人民币国际化的重任。可以探索在闽台两地金融市场、民生、对外贸易等领域全面推行人民币计价。鼓励福建各级政府和企业在台湾发行以人民币计价的市政债、企业债和股票。加大人民币基础设施建设力度，重点使用人民币跨境支付系统（CIPS）进行人民币交易清算，降低对国际资金清算系统（SWIFT）的依赖。推动数字人民币全场景试点和跨境应用，鼓励"一带一路"合作伙伴对接数字人民币系统。

根据作者 2023 年 6 月在福建省委党校中青班上的报告整理。

海南自贸港金融创新发展的几点思考

摘要：海南与深圳均为改革开放前期设立的经济特区，同时也是当下国家发展战略的核心承载区，在顶层设计和顶层政策支持方面具有相似性，能够在打造政策高地、营造一流营商环境等方面相互借鉴。然而，深圳在经过 40 多年改革开放的跨越式发展之后，其经济体量、产业基础、人才储备均与海南形成了巨大差距，短期内海南较难通过简单的复制深圳经验实现赶超。因此，海南应当结合自身特色和禀赋优势，在国际贸易、跨境金融、风投创投、会展金融、海洋金融、融资租赁等领域重点突破。尤其是用好海南自由贸易港的立法优势和"零关税"优势，借鉴瑞士等地区对于境外资产保护的经验以及百慕大、开曼群岛和英属维尔京群岛等地在吸引离岸公司注册方面的经验，通过争取税收豁免、资产保护、信息保密、外汇收汇自由等政策支持，将海南打造成为国际资本的聚集地和境外企业注册的首选地之一，助力海南实现"换道超车"。

一、经济金融创新发展的深圳经验

海南经济特区是中国七个经济特区（海南、深圳、厦门、珠海、汕头、喀什、霍尔果斯）中唯一的省级经济特区，成立时间已超过 30 年；2018 年成为自由贸易试验区，2020 年，中共中央、国务院印发《海南自由贸易港建设总体方案》（以下简称《总体方案》）。这既充分体现出中国共产党对海南的厚爱和支持，也反映出海南在支持国家发展大局中的关键作用。而深圳作为中国最为成功的经济特区之一，其发展经验值得海南借鉴，并可以结合地方特色和地方首创，打造新的经济增长点和税收增长点：

第一，立足国家战略，提升发展能级。改革开放以来，深圳始终牢记党中央创办经济特区的战略意图，依托中国建立社会主义市场经济体系的政策红利，在金融改革创新方面一直扮演先行先试的角色。深圳因改革开放而生，因改革开放而兴。作为改革开放的前沿阵地，深圳始终坚持中国特色社会主义道路不动摇，在改革开放的进程中有效地处理了"姓社姓资""公有制与私有制""计划经济与市场经济"的关系，极大地解放了社会生产力。在此过程中，其金融发展经历了从试验到规范、从区域到全国、从单一产品到多层次资本市场体系的跨越式成长。

第二，加强政府引导，践行服务理念。在深圳 40 年发展过程中，深圳市政府始终坚持市场化、法制化、国际化导向，一直不遗余力地进行政策、体制机制的创新，充分发挥学习型、服务型、创新型的政府效能，不断为企业创造良好的营商环境，更好地支持和鼓励企业开展科技创新。

第三，坚持市场导向，优化资源配置。深圳始终坚持"大市场、小政府"理念，充分发挥市场经济的作用，构建适合深圳实际情况的市场化机制，打造效率优先的发展理念。时间就是金钱，效率就是生命。深圳金融业重点借鉴香港等地的市场化运作经验，构建适合深圳实际情况的市场化机制；发挥金融机构和产业机构的微观经济主体作用，尊重其在资源配置中的主动性和能动性；构建良好的市场环境，为市场主体提供平等的金融参与权和市场化的金融收益权。

第四，依托核心平台，培育创新资本。资本市场是深圳金融业的发展引擎，同时也助推了深圳实体经济的发展，是深圳金融业始终坚持以服务实体经济为宗旨的最好体现。40 年来，深圳已经形成较为完善的多层次资本市场，深圳证券交易所一直是资本市场领域最活跃的力量，是深圳金融市场建设中的一大核心引擎。

第五，利用科技赋能，促进融合发展。深圳金融业始终紧抓科技这第一生产力，走在金融创新前列。深圳金融业 40 年发展史，就是金融逐步电子化、数字化的历程。科技思维根植于深圳金融业的土壤之中，科技应用覆盖到金融细分行业每个角落，科技迭代成为金融成长的"加速器"。

第六，构建法律体系，推动重大改革。自 1992 年被正式授予"特区立法权"以来，深圳经济特区通过 500 余项法规及有关法规问题的决定，有力推动了深圳在不同发展时期的金融发展和金融服务实体经济，同时也为国家立法提供了"深圳经验"。不断探索构建科学完善的法律体系，既保证了深圳金融业重大改革能够做到于法有据，又通过法治力量推动改革深入，为改革开放保驾护航。

二、海南自由贸易港金融创新发展的机遇与挑战

（一）机遇

1. 国家战略支撑

在国家顶层设计的赋能下，《总体方案》致力于将海南打造成为引领中国新时代对外开放的鲜明旗帜和重要开放门户，呈现战略地位高、开放力度大、实施范围广的特点。

《总体方案》提出制定实施《中华人民共和国海南自由贸易港法》（以下简称《海南自由贸易港法》）。2021 年 6 月，十三届全国人大常委会第二十九次会议表决通过了《海南自由贸易港法》。这是在国家层面上为一个地区立法，力度超过之前的经济特区和国家级新区，是中国对外开放的"升级版"。

《总体方案》旨在对标国际最高水平的开放形态，打破了传统的改革开放路径，改变了碎片化和边缘化的创新，体现出国际上自由贸易港的全部共性特征："六个自由"+"三税原则"，即货物进出自由、服务贸易自由、投资便利自由、资金流动自由、人员往来自由、数据流动自由和零关税、低税率、简税制原则。不仅如此，《总体方案》把海南自贸港比肩国际高水平自贸港，提出加快形成国际化、法制化、便利化的营商环境和公平开放统一高效的市场环境，建立与自贸港建设相适应的社会

治理体系、法制制度体系和风险防控体系，为打造国际最高水平开放高地提供全面保障。

《总体方案》突出全方位的制度集成创新。《总体方案》以贸易和投资便利化为重点，以生产要素跨境自由便捷流动与现代产业体系为支撑，以特殊税收制度等安排为保障，共提出 11 个方面 39 条具体政策，包含 70 个政策亮点，在贸易、投资、人员、资金、运输、数据等要素自由流动和税收制度安排上探索集成式创新突破。特别是在税收政策方面，《总体方案》明确推进实施进口商品"零关税"政策，逐步优化企业所得税和个人所得税政策，探索推进简化税制，税收优惠范围之广、力度之大均为全国领先，且离岛税收政策等核心政策较难在全国复制推广。

2. 百年变局的外部环境

世界处于百年未有之大变局，是习近平近年来对国际形势的一个重要论断，而新冠疫情加速了世界格局的演变，集中体现为世界格局之变、国际政治之变、中国经济之变、全球金融之变。

（1）世界格局之变 —— 世界发展主导权由西向东转移

随着中国综合国力的日益提升，尤其在构建人类命运共同体伟大实践的总牵引下，中国在国际事务中的作用和话语权持续增强，西方国家近五百年来在世界历史进程的主导地位正在加速改变。

（2）国际政治之变 —— 中美大国博弈全面加剧

中美冲突和博弈升级可能会长期化、复杂化，中美的全面竞争将成为"常态"。面对美国在各领域的不断打压、掣肘，要充分把握全球疫情下产业竞争格局重塑的机会，推动中国供给侧改革和技术创新，扭住扩大内需的战略基点，将是应对外部政治风险的唯一出路。

（3）中国经济之变 —— 中国进入高质量发展新阶段

中国经济进入由"数量提升"到"质量提升"、由"规模扩张"到"结构升级"、由"要素驱动"到"创新驱动"、由"高碳增长"到"可持续发展"的新发展阶段，意味着中国经济发展模式已经发生根本性的变化，也将不断涌现出新的经济增长点。

（4）全球金融之变——疫情下的全球货币大放水

中国在控制疫情方面取得重大成就，在全球大国中率先实现经济正增长，在经济恢复方面表现出强大的韧性与活力，外资进入内地市场的诉求强烈。海南可以充分利用自身高度开放和税制优势，吸引国际资本参与海南金融市场建设，为企业融资提供国际化渠道，进而充当人民币国际化的重要平台。

3. 五位一体的新发展理念

在新发展理念的指引下，以"金融＋"全面提升金融服务实体经济效率和水平的战略为推动海南金融高质量发展创造了大量场景。例如，深圳聚焦于金融＋实体、金融＋制造、金融＋供应链、金融＋科技、金融＋绿色、金融＋民生、金融＋文化等提出了一系列发展举措，海南可有的放矢地进行学习借鉴。

4. 央地干部互动频繁

近几年来，中央各部委与海南各级领导干部已经建立起良好的联系机制，既能够不断优化海南干部队伍结构，又能够通过挂职干部向中央反映海南改革创新的政策诉求。中央有关部门针对海南旅游业、现代服务业、高新技术产业等产业发展要求，选派优秀干部到当前自贸港建设最急需的岗位，有效支持了海南的建设。自 2018 年至 2020 年，中组部陆续选派三批共计 285 名干部来琼挂职。同时，海南选派四批 400 名干部赴有关中央单位和发达省份跟班学习。

（二）挑战

1. 经济体量不足

海南陆地面积 3.54 万平方千米，海域面积约 200 万平方千米，是全国面积最大的省。相比较而言，深圳陆地面积 1997 平方千米，海域面积 1145 平方千米，陆地面积仅为海南的十八分之一。然而，从经济总量来看，2020 年深圳 GDP 为 2.77 万亿元，是海南 GDP 的五倍。从 2020 年省级行政单位排名来看，海南 GDP 也仅高于宁夏、青海和西藏。从进出口贸易来看，海南尽管海域面积辽阔，海洋资源丰富，但2020年全省货物进出口总额为933亿元，仅相当于深圳的3%。由此可见，海南经济体量严重不足，急需通过发展高附加值的产业，提升发展能级。

2. 产业根基薄弱

海南"十四五"发展规划中提出要加快构建现代产业体系，在产业结构战略性调整方面取得实质性进展，包括培育壮大高新技术产业、发展壮大现代服务业等，到2025年，实现现代服务业、高新技术产业增加值占地区生产总值的比重分别达到35%、15%。然而，无论是作为现代服务业核心产业的金融业，还是需要依托资金、技术、信息、人才等全方位的要素支撑的高新技术产业，海南的根基都相对薄弱，且资源和要素的集聚并非一蹴而就。

相比较而言，深圳2020年战略性新兴产业增加值合计10272.72亿元，占地区生产总值比重37.1%。其中，新一代信息技术产业增加值4893.5亿元，数字经济产业增加值1601.03亿元，高端装备制造产业增加值1380.7亿元，绿色低碳产业增加值1227亿元，海洋经济产业增加值427.8亿元，新材料产业增加值334.5亿元，生物医药产业增加值408.3亿元，已经表现出明显的高质量发展特征。由此可见，海南在提升金融业和高新技术产业的支柱地位方面仍然任重道远。

3. 财税来源有限

海南目前的支柱产业包括旅游业、橡胶、渔业、石油开采和房地产业等，橡胶、渔业、石油开采等属于高度资源依赖型产业，房地产业不具有高速增长特征，旅游业受疫情、气候等外部因素影响较大，都较难为海南创造持续增长的税收。而海南免税店的收入集中于中国免税品集团，也较难为地方带来显著的税收贡献。2020年全省全口径一般公共预算收入1350.6亿元，全省地方一般公共预算支出1973.9亿元。相比较而言，深圳2020年完成一般公共预算收入3857.4亿元，一般公共预算支出4177.7亿元，其中深圳金融业税收贡献连续多年居全市各行业首位，约占全市税收的1/4。由此可见，大力发展金融业或将成为拓展海南财税来源的重要渠道。

4. 研究能力欠缺

海南"十四五"规划中提出实施创新驱动发展战略，包括打造三大科技创新中心、加快技术创新体系建设、营造良好创新创业生态、完善开放创新体制机制。然而，由于海南仍然存在研发投入偏低、高新技术企业数量不足等突出问题，导致无论是专利和知识产权数量、技术研发能力还是场景应用方面都存在明显短板，不利于金融与科技的深度融合和相互促进。

2020 年海南研发投入为 30.9 亿元，占 GDP 的比重约为 0.6%；相比较而言，深圳 2020 年研发投入约为 1360 亿元，占 GDP 的比重约为 4.9%。2020 年海南全省新认定高新技术企业 446 家，同比增长 48.1%，有效期内高新技术企业总数达 838 家；相比较而言，2020 年深圳拥有国家级高新技术企业超过 1.8 万家。由此可见，海南研发投入和高新企业数量尽管呈现快速增长的态势，但由于基数很低，难以在短期内建立明显的研究优势。

5. 人才储备有限

得益于海南的政策红利和优质的自然环境，海南 2020 年常住人口突破 1000 万人，与 2010 年第六次全国人口普查相比，增加 140 余万人，增长 16.3%，比全国人口增长 5.4% 快 10.9 个百分点。尤其是经过近三年的引才育才工作，海南的人才工作已取得阶段性突破，完成了海南省委《百万人才进海南行动计划（2018 — 2025 年）》第一阶段吸引 20 万人才的目标，制定出台了人才落户、住房保障、配偶就业、子女入学、看病就医、外国人停留居留等"一揽子"政策。截至 2021 年 7 月底，海南共引进人才 30.9 万人，同比增长超八倍，有效缓解了海南自贸港建设开局阶段对各类人才的迫切需求。然而，相比于海南的经济金融发展目标，海南的人才仍然呈现严重的供不应求的局面。

从高校数量来看，2020 年海南拥有普通高等学校 21 所，在校学生 24 万人；相比较而言，深圳 2020 年拥有普通高等学校 14 所，在校学生

13.6 万人。高等教育是深圳的短板，但海南的高等学校数量和招生规模相比于深圳并不具备显著优势，因而难以带来显著的人才输出。

从文化程度来看，海南每十万人口中拥有大学（指大专及以上）和高中（含中专）文化程度的人口分别为 1.39 万人、1.56 万人；相比较而言，深圳对应的人数分别为 2.88 万人、2.07 万人。由此可见，海南无论是人才储备还是人才占比均存在较大短板。

三、海南自由贸易港金融创新发展的总体思路

（一）用好用足顶层政策，发挥地方首创作用

《总体方案》给予了海南重大的政策支持，其重要意义不仅在于其明确指出的发展领域，更重要的是赋予了海南更加广阔的改革、创新、突破空间，具有极其丰富的新时代内涵。海南应当充分利用政策红利，既积极争取在全国已落地金融政策的复制推广，又尝试突破历史思维惯性，积极向中央申请新的金融政策试点。在此基础上，2021 年 4 月，商务部等 20 部门发布《关于推进海南自由贸易港贸易自由化便利化若干措施的通知》，为货物贸易和服务贸易便利化提供支持。中国人民银行、中国银保监会、中国证监会、国家外汇管理局发布《关于金融支持海南全面深化改革开放的意见》，从（1）提升人民币可兑换水平、支持跨境贸易投资自由化便利化；（2）完善海南金融市场体系；（3）扩大海南金融业对外开放；（4）加强金融产品和服务创新；（5）提升金融服务水平；（6）加强金融监管、防范化解金融风险六个方面提出 33 条金融支持举措，力度和范围已经能够与北京、深圳大致相当。

（二）构建开放创新的金融发展生态

良好的生态环境是金融高质量发展的必备要素。一方面，海南必须致力于打造高水平开放形态，在税收制度、知识产权保护、民生保障等领域对标全球最好最优，全方位深化在金融市场、机构、人才等领域的

国际合作，加快与国际金融市场和标准充分对接，推动率先构建具有中国特色、符合国际惯例的金融运行规则和制度体系，进而使海南成为中国连接世界的重要桥梁以及国际资本、国际组织、国际机构的集聚地。

另一方面，需要坚持创新的理念，积极争取在海南筹建征信、评级等重大金融基础设施，为企业创新发展提供支撑；通过营造风投、创投、传统金融、地方金融相互补充的资本市场业态，最大限度地集聚创新资本，全力打造创新资本生态圈；通过集聚一批科技龙头企业和科技人才，促进金融与科技相辅相成；通过深化外汇制度改革，加大人民币在国际贸易和投融资中的应用，使海南成为人民币国际化的先行示范地。

（三）大力培育重点产业形态

首先，海南可以依托高水平开放形态的优势，大力发展国际贸易和跨境金融，提升跨境人民币投融资、交易和结算规模以及便利化程度。其次，海南需要紧扣金融服务科技创新的战略方针，推动科技金融发展。一方面，加强金融与科技融合发展，促成产业创新与金融发展相互促进的态势，着力孵化和打造一批具有核心竞争力的企业。另一方面，需要重视投融资生态的打造，形成传统资本市场、风投创投市场、地方金融业态、产业引导基金百花齐放的市场形态。最后，海南需要结合自身特色和资源禀赋，在海洋金融、融资租赁、会展金融、民生与产业金融等领域实现弯道超车。

（四）推动内外联动发展

海南金融业的发展需要加强与周边区域的协同发展，向内对接粤港澳大湾区和南方共同市场，向外连接东南亚和一带一路合作伙伴。

一方面，海南的发展需要借鉴大湾区的发展经验，依托大湾区的发展优势，吸引大湾区的优势资源，积极融入和共建南方共同市场。

另一方面，全球规模最大的自由贸易协定《区域全面经济伙伴关系协定》（RCEP）已于 2022 年 1 月 1 日正式生效，这将大幅降低区域内贸易成本和产品价格，促进区域内贸易投资活跃，推动中国贸易多元化，是多边贸易体制建设迈入新阶段的重要标志。因此，必须抢抓 RCEP 重大发展机遇，提升海南金融和贸易的国际化水平，加快融入跨国产业尤其是金融科技产业的分工和规则体系制定，以开放合作的外循环提升内循环的效率和水平。

四、海南自由贸易港金融创新发展的重点领域

（一）国际贸易与跨境金融

高水平开放政策是《总体方案》给予海南重要的政策红利，因此，海南在国际贸易和跨境金融发展方面将大有可为。

首先，充分对接现有金融政策与资源。一方面，需要充分总结上海临港新片区、深圳前海蛇口自贸片区、横琴粤澳深度合作区等区域的既有政策体系和政策最新规划、方案、措施，在金融政策层面尽量做到人无我有、人有我优。

其次，以跨境金融发展为海南企业赋能。结合海南发展高新技术产业的诉求，探索跨境金融业与先进制造业深度融合发展的新机制。通过国际资本引进来和海南企业走出去，为海南企业全生命周期的投融资提供金融支持。

再次，鼓励人民币在国际贸易和跨境金融中的使用。一方面，可以探索海南的金融市场、贸易市场优先以人民币计价，并逐步扩大人民币国际化的覆盖面，沿着从民生金融、资本项目、资本市场到全面开放的路线逐步推进。另一方面，充分利用同东盟等周边市场和全球市场合作的新机遇，大量引入离岸人民币参与海南金融市场。

最后，推动跨境金融集成式创新。海南需要在现有各区域开放形态的基础上更进一步，针对全中国尚未破局的领域，积极争取以海南作为集成式跨境金融创新的试点区域，争取更多适合海南的顶层创新政策，

谋划推动市场化、法制化、国际化营商环境等重要领域、关键环节的改革，将海南省打造成为向全球开放的国际化窗口。

（二）投融资生态构建

海南的投融资生态构建需要依托多样化的金融机构和金融市场。在海南传统金融机构数量和规模并不具备优势的背景下，首先，海南可以通过大力发展风投创投市场，实现风投创投资金与高科技企业的有效衔接。一方面，加大对国内外风投创投机构的引进力度，通过落户奖励、租金减免、投资激励等优惠政策，引导风投创投机构在海南发展。支持一带一路合作伙伴、RCEP 成员国的投资机构在海南设立代表处或分支机构。引导培育国内外各类创业投资基金、并购投资基金、产业投资基金和母基金等专业化创业投资机构在海南发展。支持银行、保险、证券、期货、基金公司等金融机构设立具备投资功能的子公司在海南开展业务。充分发挥政府投资引导基金作用，吸引社会资金成立创业投资主体参与市场化投资。另一方面，优化风投创投制度环境，包括优化风投创投市场准入环境、拓宽风投创投机构募资渠道、推动风投创投税收制度改革、丰富风投创投机构退出渠道等，增强海南对风投创投机构的吸引力。

其次，海南需要用好地方金融监管事权，在风险可控的前提下，大力发展地方金融业态，为高科技企业补充资金提供多样化的渠道。

最后，海南需要做好与传统股票市场、债券市场的对接。一方面，加强与上交所、深交所、北交所的合作。可以通过共建上市公司服务基地，从企业规范运作、改制上市、投融资对接、上市辅导和互动交流等多个维度，全面推进海南优质企业与资本市场对接，鼓励海南高新技术产业进行上市融资。另一方面，支持海南企业在境内外发行以人民币计价的债券以及资产支持证券、不动产投资信托基金（REITs）等结构化产品，同时对达到一定国际评级水平的企业进行发债补贴。

（三）特色领域

1. 会展金融

国际经济金融论坛有助于传播海南经济金融发展成果和营商环境，向监管部门反映诉求，就全球重大和前沿金融问题进行探讨，对海南提升全球知名度和招商引资具有重要促进作用。博鳌亚洲论坛是海南最具影响力的国际论坛，为政府、企业及专家学者等提供一个共商经济、社会、环境及其他相关问题的高层对话平台。因此，海南可以依托博鳌亚洲论坛的影响力和成功举办的经验，大力发展会展金融，通过联合一行两会、国际组织、知名媒体等举办高水平国际经济金融论坛，在金融细分领域形成全球影响力。同时，可以此为基础，促进保险业、消费金融、供应链金融等与会展经济相关的业态发展。

2. 海洋金融

海南管辖着 200 多万平方千米的南海海域，约占中国海洋总面积的 2/3，蕴涵着丰富的渔业资源和油气资源。因此，海南省发展海洋金融既是建设海洋强国的客观要求，也符合海南省的基础条件。

具体而言，一是探索设立海洋产业投资基金。在海洋战略性新兴产业领域，传统的信贷融资不能满足于企业的高密度融资需求，上市融资和债券融资程序烦琐，门槛限制较多，也不适合一般企业，必须基于不同阶段企业的发展特点和资金需求，探索以风险投资、融资租赁、产业投资基金为集成的创新型投融资模式。

二是建设海洋经济智库。涉海智力资源配置与战略手段的短缺是中国发展高端海洋经济面临的主要困境，构建与之匹配的智库平台任务十分紧迫。海南省可率先作为，借鉴英国国际造船业权威咨询机构克拉克松等国际一流海洋智库的创建及营运经验，整合海洋工程装备、海洋资源开发、国际航运等海洋经济全行业的人才资源，以国际性海洋中心城市为载体，打造具有全球战略视野的"海洋经济智库"，鼓励智库积极研究海洋金融模式创新。

　　三是设立海洋基础设施基金。实施海洋经济建设规划需要筹集大量的资金，尤其是交通、能源、水利、信息、防灾减灾等重大基础设施建设，其建设周期长、投资风险大、运作利润低，很难吸引私人资本进入，而且政府财政资源有限，难以满足基础设施建设的巨额资金需求。因此，海洋基础设施建设需要创新融资模式、拓宽融资渠道，如政企合作投资（PPP）基金就是一种有效途径。

3. 融资租赁

　　目前天津、上海、广州南沙在融资租赁方面有诸多探索，在全国形成影响。海南可学习借鉴以上地区的经验，探索在飞机、船舶、装备器械等领域推广融资租赁模式。具体而言，一是支持融资租赁企业准入便利化。支持具有优势产业背景的出资主体在海南设立融资租赁企业和专业子公司，不断优化融资租赁企业设立、变更备案或审批的工作流程，进一步释放市场活力。二是鼓励加大对融资租赁企业的金融支持。鼓励银行、保险、基金等各类金融机构加大对融资租赁企业的支持力度，支持融资租赁企业通过债券市场募集资金，支持融资租赁企业上市，鼓励融资租赁企业通过资产证券化等多种渠道筹措资金；研究支持融资租赁境内资产开展跨境转让、资产证券化试点；支持设立融资租赁产业基金。三是鼓励融资租赁企业发展跨境业务、离岸业务。围绕"一带一路"、制造业升级等国家战略，鼓励融资租赁企业扩大高端装备进口，推动辖区企业以融资租赁方式支持国内先进设备开拓海外市场，充分利用境内外"两个市场""两种资源"，便利融资租赁企业境外融资支持境外租赁项目。

4. 产业与民生金融

　　海南需要进一步巩固传统旅游经济、热带经济等优势，以金融力量支持传统领域转型升级，挖掘新型消费业态，提升产业的附加值，在橡胶、热带水果等方面探索发展商品期货与现货市场。与此同时，可以充分发挥金融在民生保障中的积极作用，引导金融机构加大对重点民生领域的金融支持力度，推动金融支持与产业扶贫、消费扶贫等相结合。支持在海南设立专业化养老保险、健康保险等专业保险机构，鼓励保险资金在城市基础设施、保障性住房等领域运用。

（四）金融人才

人才是经济和产业发展的基石。深圳市委、市政府高度重视人才队伍建设工作。以金融行业为例，深圳市政府 2020 年 2 月印发《深圳市支持金融人才发展实施办法》，一方面，坚持"全面谋划、重点突出"的原则，根据双区驱动发展战略和深圳建设现代化国际化创新型城市的总体要求，在比照京沪政策的基础上，突出国际化、高端化、市场化，重点支持高层次人才、急需紧缺人才和青年人才。基于引进与培养并重的考虑，提出针对性的政策措施，并注重与深圳市人才政策的衔接，目标是形成一支素质优良、结构合理、充满创新活力的金融人才队伍。另一方面，坚持"市场配置、公益定位"的原则，通过财政资助的方式，提出分层分步建立全市金融人才培养资源体系、实施百千万金融人才培养工程，以充分发挥政府、金融机构、科研院校的协同作用，用政府有限的资源最大限度激发、撬动市场的力量，有效加强全市金融人才队伍建设。除此以外，深圳不断优化民生保障和公共服务，为各地人才前来学习、就业、创业、生活创造更加便利的条件，尤其是通过大力建设安居房、人才房等方式，为来深人员的安居乐业提供基础性的保障。

因此，海南为了打造人才高地，必须加大对于人才的政策支持力度，将人才的培养和素养的提升作为系统工程持续推进，同时通过衣食住行的保障解决人才的后顾之忧。

根据作者 2021 年 10 月在中国（海南）改革发展研究院对海南干部的授课内容整理。

广东金融开放创新实践对甘肃实现中国式现代化的几点启示

摘要：2023 年是甘肃省人民政府参事室成立 70 周年，为深入贯彻落实习近平新时代中国特色社会主义思想和中共二十大精神，全面落实习近平对甘肃重要讲话重要指示批示精神，甘肃省政府参事室于 9 月 25 日举办以"深入学习贯彻习近平新时代中国特色社会主义思想，奋力谱写中国式现代化甘肃实践崭新篇章"为主题的座谈会。林居正在发言中指出，尽管甘肃在金融业方面存在明显短板，但仍然可以借鉴广东的有益实践，在科技金融、跨境金融、融资租赁等金融细分领域有所作为，并特别强调应当积极向中央争取创设"一带一路"改革开放示范区以及国家级科技金融改革试验区等平台，以双飞地模式加强与东部发达省份的合作，重点打造多家政策性融资租赁机构、融资担保机构和中小科技银行。

金融业是广东的支柱产业之一，2022 年全省金融业增加值 1.18 万亿元，占 GDP 比重达到 9%，同比增长 7.8%，远高于 GDP 增速 1.9%。广东金融业对经济增长贡献率超过 1/3，是支撑广东经济发展和产业转型升级的重要力量。相比较而言，2022 年甘肃金融业增加值 925.1 亿元，同比增长 2.9%，而甘肃 GDP 增速为 4.5%，居全国第三位，说明甘肃金融业体量偏小，增速相对缓慢，对甘肃经济总量的贡献明显不足，是急需补齐的短板。尽管甘肃在总部金融机构等资源禀赋上不具备优势，但仍然可以借鉴广东的有益实践，在科技金融、跨境金融、融资租赁等金融细分领域有所作为，并特别强调积极争取以金融业的高质量创新推动形成甘肃科技产业金融良性循环的新格局，以金融业的高水平开放巩固提升甘肃在"一带一路"中的枢纽地位。

一、广东金融开放创新实践

（一）依托国家级平台进行重大金融制度的创新突破

一是积极推动一批区域发展规划上升至国家战略。广东拥有粤港澳大湾区、深圳先行示范区两大顶层设计以及广州南沙、深圳前海、珠海横琴、深圳河套等多个国家级试验和示范区，为探索一系列制度改革和创新奠定了坚实的政策基础。

二是善于转变传统发展理念，在金融体制机制上大胆创新。单是深圳金融业，在改革开放的过程中就创造了数百项全国第一。当前，广东正在加快推动金融制度型开放，在税收制度、监管制度、知识产权保护等方面积极探索并逐步实现与国际规则对接。

（二）以发展科技金融作为金融创新的重要抓手

一是出台金融支持企业创新发展的系列政策。《2023 年广东金融支持经济高质量发展行动方案》明确提出实施"金融＋科创"工程，广州、深圳等地也出台了一系列支持政策，对于科技创新的政策支持力度处于全国前列。

二是系统构建服务科技型企业的金融生态。在银行贷款方面，截至 2023 年 9 月末，广东科技型中小企业贷款余额 3199 亿元，同比增长24.9%，增速比各项贷款高 14.9 个百分点；高新技术企业贷款余额 2.3万亿元，同比均增长 23.8%，增速比各项贷款增速快 13.7 个百分点。在资本市场融资方面，自注册制改革试点落地以来，截至 2023 年 5 月 20

日，广东省新增科创板、创业板上市公司共 181 家，在全国排名第一。在融资租赁方面，广东拥有全国最多的融资租赁企业。在融资担保方面，广东拥有深圳高新投集团、深圳融资担保集团等国内龙头机构。在风投创投方面，截至 2023 年 8 月末，广东在中国证券投资基金业协会登记的私募股权创业投资基金管理人达 2721 家，管理基金数量超过 1.19 万只，管理基金规模 2.51 万亿元，行业发展的各项数据均居全国前列。

三是设立多只省市级政府引导基金，其中深圳天使母基金规模 100 亿元，是国内规模最大的天使投资类政府引导基金。

四是不断完善科技金融组织体系，推动科技金融产品规模不断扩大。广东省内已拥有多家科技支行，针对科技型企业推出了各种形式的科技贷款。广东省内其他金融机构也推出了大量具有特色和针对性的科技型产品。

五是确立知识产权证券化先发优势。通过精准、有力、有效的政策支持、多方协同的体制机制设计，以及深交所科技成果与知识产权交易中心的平台优势，广东在知识产权证券化方面确立了领先优势。截至 2022 年底，广东累计发行知识产权证券化产品 64 单，发行规模 148.66 亿元。

（三）以发展跨境金融作为金融开放的重点领域

一是积极争取跨境金融试点。广东高度开放的经济形态以及毗邻香港的优势，使其在发展跨境金融方面具有得天独厚的优势，在跨境金融互联互通、跨境贸易投资、跨境交易结算等方面探索出一批走在全国前列的政策试点。

二是注重人民币在跨境交易结算中的应用。2023 年一季度，广东省跨境人民币结算额达 1.67 万亿元，占本外币结算总额的 51.6%，本币结算额首次超越其他币种，成为广东省第一大结算货币，对人民币国际地位的提升做出了重要贡献。

二、推动甘肃金融业开放创新的必要性

（一）推动金融业开放创新符合国家战略部署

习近平在 2023 年 7 月主持召开中央全面深化改革委员会第二次会议时强调，建设更高水平开放型经济新体制是我们主动作为以开放促改革、促发展的战略举措，要围绕服务构建新发展格局，以制度型开放为重点，聚焦投资、贸易、金融、创新等对外交流合作的重点领域深化体制机制改革，完善配套政策措施，积极主动把中国对外开放提高到新水平。因此，甘肃作为"一带一路"的关键节点，需要在金融等领域的开放创新上有所作为。

（二）推动金融开放创新支撑甘肃产业转型升级

近年来，甘肃综合科技创新水平不断提升，保持在全国第二梯队。甘肃是全国重要的清洁能源基地，建成了国家第一、二批大型风电光伏基地，在新能源、新材料、先进装备制造业等领域具备一定的产业优势。然而，甘肃的重点产业大多涉及大型设备建设，单纯通过政府产业基金难以满足巨大的资金需求。必须运用金融创新工具和模式，在风险可控的前提下，发挥政府资金对于社会资本的撬动作用，更好推动甘肃产业转型升级。

（三）推动金融开放创新提升甘肃在"一带一路"中的枢纽地位

2022 年，甘肃与"一带一路"合作伙伴贸易总额达 278.3 亿元，同比增长 23.8%。贸易额占比从 2013 年的 38.5% 上升到 2023 年一季度的54.8%。为了进一步扩大甘肃对外贸易规模，提升甘肃的国际化水平和在国际市场中的话语权，不能局限于以机电产品、农产品、劳动密集型产品、金属制品为主的实物出口，更需要加强与"一带一路"合作伙伴的资本合作，大力吸引外资参与甘肃建设，同时鼓励甘肃企业走出去融资。

（四）推动金融开放创新助力甘肃打造更优质营商环境

百花齐放的金融生态是营商环境的重要组成部分，也是吸引民间投资和企业落地的重要参照。目前，在政府层面，甘肃"放管服"改革不断深化，数字政府建设取得突破性进展。未来需要将政府建设与市场化建设相结合，以金融创新为抓手，逐步构建支持企业全生命周期投融资的金融服务体系，进而对企业和资本形成良好的集聚效应。

三、甘肃金融开放创新的重点路径

（一）积极争取顶层政策支持

广东试点的重大金融创新举措通常涉及中央事权，得到过中央和有关部委的大力支持。因此，也有必要在甘肃现有以兰州和兰州新区为中心的基础上，积极向中央争取创设"一带一路"改革开放示范区以及国家级科技金融改革试验区等平台，允许广东相对成熟的金融试点政策直接在示范区应用。

（二）统筹规划甘肃金融业发展

甘肃金融禀赋资源有限，必须在省级层面统筹制定全省的金融发展规划，明确发展重点，集中市场需求、金融资源和专业力量，支持甘肃金融机构在全省范围内跨区域展业，推动产业资金、人才等要素在甘肃各地区自由流动。加快制定支持金融发展的相关政策，强力推动政策落地实施。在全省层面和主要地市重点打造多家政策性融资租赁机构、融资担保机构。试点设立甘肃中小科技银行，或推动甘肃现有商业银行转型为科技银行。

（三）明确甘肃金融业开放创新的重点

一是将金融与科技融合发展作为核心定位。建议省市层面设立科创金融产业基金，推动建立高级别的科技金融协会。整合政府部门和金融机构数据，形成覆盖各产业链条的企业数据库，着力打造企业信用平台和综合性金融服务平台。鼓励甘肃重点金融机构和相关企业开展知识产权金融产品创新和知识产权证券化业务模式创新。着力打造具有特色的基金小镇，大力吸引风投、创投类机构落地，从而与政府引导基金、政府产业基金共同营造创新资本形成的良好生态。

二是将融资租赁作为重点发展业态，充分解决甘肃在"风光强省"建设过程中的资金需求。加快出台对融资租赁企业的支持政策，针对融资租赁企业和人才采用优惠税收政策，鼓励银行、保险、基金等各类金融机构加大对融资租赁企业支持力度，鼓励融资租赁企业通过资本市场、境外市场、资产证券化、资产跨境转让等方式募集资金和开展业务，进而在甘肃推动形成多个融资租赁集聚区。

三是探索在甘肃与"一带一路"合作伙伴的对外贸易中全面推行人民币计价，鼓励"一带一路"合作伙伴对接人民币跨境支付系统（CIPS）等人民币系统，将人民币作为交易结算的主要货币。

（四）以双飞地模式加强与东部发达省份的合作

围绕甘肃产业链的延链补链强链的核心任务，加强与东部发达省份开展双飞地模式合作。在坚持市场化原则和秉承"一锅做饭、利益共享、做大增量"的理念下，通过在甘肃建设多个跨省合作区，借鉴发达省份的优惠政策，承接部分产能转移，吸引发达地区的技术、资本和人才要素输入。通过干部任职、相互挂职等方式，学习推广发达地区的行政经验，实现甘肃干部素质、市场化水平和行政服务能力的同步提升。

根据作者 2023 年 9 月在甘肃省人民政府参事室成立 70 周年座谈会上的发言整理。

未来十年：深港融合发展路线图

摘要：当前世界面临百年未有之大变局，深港融合发展是粤港澳大湾区建设的重中之重，也是突破改革深水区、无人区的突破点和关键抓手。2022年底，就深港合作问题，林居正作为主要作者在人民出版社出版了《香港与深圳深化合作战略研究》一书。基于此，作者以战略性、全局性和前瞻性的视野，提出了一些关于深港进一步融合发展的思考和设想。

一、将深港融合发展作为一项重大的战略进行顶层推动和顶层布局

深圳与香港作为改革开放的重要贡献者和实践者，融入了粤港澳大湾区和先行示范区的"双区"战略，推动着"一国两制"事业发展的新实践，其在改革开放中的重要性绝不亚于其他任何区域。同时，深港作为对外最开放、最具创新引领力、市场化程度最高的地区之一，作为当前中国科技创新的前沿阵地，义不容辞地承担起推动改革开放的重大使命。因此，深圳没有任何理由不继续勇当尖兵、不继续改革开放创新。香港也必须正视当前面临的挑战和重大机遇，进一步解放思想，积极携手深圳砥砺前行，共创更加美好的未来。逆水行舟，不进则退，这是铁律。

二、快马加鞭、大刀阔斧地推动深港融合发展

纵观历史，在改革开放之初，曾任中共广东省委第二书记、第一书

记的习仲勋就已经进行了高屋建瓴的谋篇布局。习仲勋指出，改革的节奏不是小搞、中搞，而是要大搞，快搞；改革的策略不是一哄而上，而是根据各地方的特点，让有条件的地方先行一步；而先行一步需要中央更大的支持，同时多给地方处理问题的机动余地，不能有太多条条框框的限制，否则"先行一步"也将成为空话。

这与习近平亲自谋划、亲自部署、亲自推动的大湾区、先行示范区等一系列国家战略，完全是一脉相承的，其目的就在于让深圳、香港等具有显著优势的地区"先行一步"，强力、高效地推动中国更高水平、更大范围、更宽领域的改革开放。广东省委书记黄坤明所提出的深耕十年、三十年，再造一个新广东，也需要深港两地形成聚合效应，创造新的经济增长点，联合开展科技创新和核心技术攻关，进而推动广东实现高质量发展。

鉴此建议：（1）中央赋予深港融合发展更大的创新空间和特殊政策，让有着优良创新传统、综合实力、充满动力活力的深圳，联合具有国际竞争力和影响力的香港，实现更快更好更大的发展，创造出更多的财富和社会福祉，更好拉动大湾区经济快速发展，并回馈和服务全国共同富裕的大局；（2）为了提高效率和更好地贯彻实施中共中央、国务院颁布的国家战略、重大规划，建议全国人大或者全国人大常委会授权国务院相应地予以立法，做到"国规法随"；（3）探索进一步改革开放和先行一步的创新政策，同时要因地制宜地赋予深港融合更多的空间和机动余地，而不是搞各地政策的平均和平衡。同时，根据国家改革开放战略梯度的布局，以及各地发展需要，对于经多年试点的有效政策，建议分层级、分步骤在不同区域进行复制、推广、应用，缩短审批流程。

三、在深港融合发展中应当全面客观看待深港两地的优势与短板

香港是公认的国际金融中心、国际贸易中心、国际航运中心，但通

过深入分析后可以看出，其国际中心的根基并不牢固。

以金融业为例，首先，香港以外资金融机构为主，缺乏大型本土金融机构，其金融系统更多的是为外资服务。香港入选世界 500 强的金融机构都不是在香港本土成长的金融机构，相比较而言，深圳入选世界 500 强的中国平安、招商银行都是本土金融机构。尽管深圳上市金融机构的数量仅为香港的 1/10 左右，但深圳上市金融机构营业收入和利润却是香港的两至三倍，充分说明香港本土金融机构规模偏小、盈利能力偏弱的特征。

其次，内地企业已经在香港资本市场发挥了核心作用，而香港本地企业对于资本市场的贡献日渐式微，无论是内地企业总市值、数量以及内地企业赴港上市的 IPO 数量和募资金额都占据了主导地位。

最后，作为主要结算货币的港币，体量太小，功能有限，易于成为国际游资攻击的对象，且外资持股的汇丰银行和渣打银行累计港币发行量占比超过 70%。相比较而言，人民币在自主发行权、对外支付能力、调节国际收支和稳定汇率等方面，相对于港币拥有绝对优势。

当然，香港也具备内地城市无法比拟的优势，既体现在其对全球资本的吸引力，是全球领先的离岸人民币中心和财富管理中心；也在于其软环境，包括与国际接轨的制度体系、法治体系、税收体系等。

总之，深港两地的合作需要建立在全面客观分析两地优势与短板的基础之上，并正确认知近十年以来深港两地竞争力所发生的根本性变化，从而使两地能够务实且自愿地开展合作，避免零和游戏，真正实现强强联合和优势互补。

综上所述，香港经济金融增速的放缓主要源于由其缺乏实体产业根基和过度依赖外资外企导致的金融脆弱性。因此，解决香港发展问题不能单纯依靠拓展香港物理空间的飞地模式，继续走过去发展的老路，而是需要探索一条安全、可持续发展的新路。

因此，短期来看，深港融合发展重点在于：（1）深港两地共同打造融资租赁发展高地；（2）以期现市场联动打造全球大宗商品定价中心；

（3）共建国家级科技金融改革试验区；（4）共建国际化的保险市场和国际一流的大型金融机构；（5）推动深港两地交易所交叉持股和数据要素跨境交易等。

而从中长期来看，可以重点布局三大融合发展路径。

第一是大胆探索深港融合发展的新模式。2023年8月，国务院印发《河套深港科技创新合作区深圳园区发展规划》，加之深圳前海的扩区和跨境金融创新，深圳已经在跨境合作区建设方面走在全国前列。然而，现有的深港合作区更多的是聚焦自身发展问题，强调"一区两园"的发展思路或是"双轨制"的发展模式，可能引发两地对利益分配、决策机制等方面的分歧，进而对合作区建设的效能产生不利影响，也较难从根本上解决香港的产业根基问题。因此，可以大胆探索"一区一园、一锅做饭、利益共享、做大增量"的合作新模式，采用统一的、国际最优越的税制制度、人才制度、知识产权保护制度体系，使合作区变成一个不分你我、利益共享的整体。"一区一园"模式注重将深圳的产业优势与香港的软环境优势相结合，鼓励耐心资本、产业资本的引入。同时，强调做大增量原则，鼓励深港两地优质成熟企业在合作区发展新业态、拓展新业务、扩大再生产，改变过去各自为政甚至暗自竞争的格局，使合作区快速产生经济效益、创造社会福祉。

第二是使深港两地在维护金融安全尤其是中国海外资产安全上发挥更大作用。伴随着硅谷银行、瑞士信贷等一系列银行破产或面临流动性风险，全球爆发金融危机的风险大幅上升，中国海外资产正面临严峻的安全问题，甚至可能对国家安全造成冲击。因此，在外部风险事件尚且可控的情形下，必须高瞻远瞩、未雨绸缪，充分关注中国海外资产的安全性，有序推动海外个人资产和企业资产向粤港澳大湾区回流，并探索将香港、深圳等有条件的地区打造成为全球资本集聚和保护的高地。为了实现该目标，一方面，我们需要"师夷长技以制夷"，以更为积极开放的姿态吸引国际资本，推动制度型、要素型开放以及金融规则、标准逐步与国际接轨。另一方面，香港可以积极抢占全球资本集聚中心的高地。香港是全球领先的财富管理中心，也拥有国际竞争力的税收优势、高度自治的立法优势以及离岸人民币中心的货币优势。因此，在全球资本亟需寻找新的避风港的背景下，同时也为了避免中国境外资产被西方国家收割，香港可以探索出台专门的法律，参照瑞士的模式对境内外合法资产的安全性和隐私性进行保护，以此吸引境外资金向香港和内地中资金融机构集聚。

第三是推动人民币在深港乃至大湾区的全方位应用。人民币国际地位提升和全球去美元化加速是大势所趋，而人民币国际化的核心不是单纯提升人民币跨境交易结算的规模，而是使全球持有更多以人民币计价的资产，包括股票、债券、大宗商品等资产，就如同全球持有大量美债和以美元计价的石油一样。只有这样，人民币在国际货币体系中的话语权和定价权才能得以提升，人民币也才能逐步真正成为不可替代的国际货币。可以探索在深港乃至大湾区范围内全面推行人民币计价，尤其是加强人民币在香港金融市场发行、交易中的应用，从而使国际资本通过香港市场加大对人民币资产的配置，提升对人民币资产的交易结算需求。同时，加强深港数字人民币的应用，抢占数字金融发展高地，加快交易结算相关的基础设施建设，降低对国际资金清算系统（SWIFT）的依赖性，并鼓励"一带一路"合作伙伴率先接入系统进行人民币结算。

根据作者 2023 年 11 月在第四届 "湾区会长大会" 上的发言整理。

后　记

　　2023 年 4 月，习近平在广东考察时指出，粤港澳大湾区在全国新发展格局中具有重要战略地位。广东要认真贯彻党中央决策部署，把粤港澳大湾区建设作为广东深化改革开放的大机遇、大文章抓紧做实，摆在重中之重，以珠三角为主阵地，举全省之力办好这件大事，使粤港澳大湾区成为新发展格局的战略支点、高质量发展的示范地、中国式现代化的引领地。

　　毫无疑问，粤港澳大湾区作为中国改革开放的前沿阵地，在面对国内经济下行压力、国外全方位竞争和科技领域的"卡脖子"问题时，需要像改革开放初期一样"先行一步"，快马加鞭，锦上添花，进而推动中国更高水平、更大范围、更宽领域的改革开放。基于此，本书一方面聚焦于粤港澳大湾区的深圳和香港两大核心城市，从深圳的先行示范区建设和香港的国际金融中心巩固提升，以及深港两地的融合发展出发，全面系统阐述了大湾区高质量发展的一系列战略性、全局性、前瞻性问题。另一方面，聚焦于大湾区的对内协调发展、对外辐射示范和先进经验借鉴，希望使大湾区的发展更好地服务于全体人民共同富裕的大局，做出更大贡献。

　　在本书即将付梓之际，感谢中国证监会原主席肖钢，中国中小企业协会会长、深圳市人民政府原市长李子彬，中国银保监会国有重点金融机构原监事会主席于学军，全国政协常委、民建中央原专职副主席、广东省原副省长宋海，湖南省政协原副主席、长沙市人民政府原市长、一级作家谭仲池，福建省人大常委会副主任陈冬，中共潮州市委书记何晓军，广东省人民政府参事室主任张春新，深圳市决策咨询委员会专职常务副主任、深圳市人大常委会原副主任高振怀，广东省金融智库联合会理事长李鲁云，中央统战部经济局原局长方乃纯博士，中国（海南）改革发展研究院院长迟福林，深圳市政协常委、人口资源环境委员会主任、原深圳市地方金融监督管理局党组书记刘平生，深圳市人大常委会副秘书长、原深圳市地方金融监督管理局局长何杰，深圳市委金融委员会常务副主任、市委金融工作委员会常务副书记、市地方金融管理局局长时卫干，深圳市福田区政府区长周江涛，中国建设银行深圳分行行长李洪茂，深圳市创投集团副总裁、原深圳市地方金融监督管理局副局长王新东，凤凰网广东总编辑宋革，凤凰网广东执行总编辑钟俊峰，人民出版社经济与管理编辑部主任郑海燕，香港中文大学商学院教授刘民，南方科技大学金融系教授杨招军等对本书撰写提供的指导和帮助。

　　到处留心皆学问，世事达练即文章！本书虽是本人多年的研究成果汇编而成，但自然离不开作者近三十年在深圳市政府办公厅和深圳市地方金融监督管理局工作的理论研究和政策制定经验，以及武汉大学的李崇淮、南开大学的熊性美和复旦大学"福特班"的邹至庄等中外教授多年的栽培。在这里要特别感恩深圳市政府的李子彬、庄心一、刘利华、宋海、李德成、李锋、刘应力、高自民、王毅、陈应春、唐杰、艾学峰、徐安良等领导的悉心教诲。当然，本书也汇聚了不少集体智慧，特别感谢张润泽博士在本书形成过程中贡献的智慧和辛劳，感谢刘军良副处长、李凯、余臻、吕秋红、薛冰博士以及田程偲、林子尧、何宁馨、毛心言、陈泓禧、刘晓蕾等对本书部分研究成果撰写和资料搜集提供的帮助。感谢香港中华书局开明书店分社社长王春永，责任编辑李梦珂、谭俊鹏等其余所有对本书出版做出贡献的人员，在此一并表示感谢。

　　本书的撰写难免有疏漏之处，敬请读者批评指正。

2024 年 2 月 7 日清晨于浏阳河畔

战略选择
粤港澳大湾区开放与创新研究

林居正　著

责任编辑　李梦珂　谭俊鹏
装帧设计　郑喆仪
排　　版　黎　浪
印　　务　刘汉举

出版　　开明书店
　　　　香港北角英皇道 499 号北角工业大厦一楼 B
　　　　电话：(852) 2137 2338　传真：(852) 2713 8202
　　　　电子邮件：info@chunghwabook.com.hk
　　　　网址：http://www.chunghwabook.com.hk

发行　　香港联合书刊物流有限公司
　　　　香港新界荃湾德士古道 220–248 号
　　　　荃湾工业中心 16 楼
　　　　电话：(852) 2150 2100　传真：(852) 2407 3062
　　　　电子邮件：info@suplogistics.com.hk

印刷　　美雅印刷制本有限公司
　　　　香港观塘荣业街 6 号 海滨工业大厦 4 楼 A 室

版次　　2024 年 3 月初版
　　　　© 2024 开明书店

规格　　16 开（230mm×160mm）

ISBN　　978–962–459–342–6